Judith Miggelbrink
Staatliche Grenzen

Dialektik des Globalen.
Kernbegriffe

Herausgegeben vom Sonderforschungsbereich 1199 „Verräumlichungsprozesse unter Globalisierungsbedingungen" der Universität Leipzig, dem Leibniz-Institut für Geschichte und Kultur des östlichen Europa und dem Leibniz-Institut für Länderkunde

Band 4

Judith Miggelbrink

Staatliche Grenzen

—

DE GRUYTER
OLDENBOURG

Gefördert von der Deutschen Forschungsgemeinschaft

ISBN 978-3-11-064136-3
e-ISBN (PDF) 978-3-11-064552-1
e-ISBN (EPUB) 978-3-11-064169-1
ISSN 2568-9452

Library of Congress Control Number: 2019944329

Bibliografische Information der Deutschen Nationalbibliothek
Die Deutsche Nationalbibliothek verzeichnet diese Publikation in der Deutschen Nationalbibliografie; detaillierte bibliografische Daten sind im Internet über http://dnb.dnb.de abrufbar.

© 2019 Walter de Gruyter GmbH, Berlin/Boston
Umschlagabbildung: Lesbos 2017 © Judith Miggelbrink
Druck und Bindung: CPI books GmbH, Leck

www.degruyter.com

Inhalt

1 Einleitung —— 1

2 *Border* und *bordering*, *borderscape* und Grenzregime: Eine begriffliche Vorbemerkung —— 6

3 Staatliche Grenzen im Kontext räumlicher Strukturierungen des Sozialen —— 11

4 Souveränität und Grenzsicherung —— 18

5 Identität und Identifikation —— 24

6 Versicherheitlichung und *preparedness* —— 29

7 „Smart Borders": Ausdifferenzierung von Grenzfunktionen —— 35

8 Der Ort der Grenze: Verortung und Entortung von Kontroll- und Überwachungspraktiken —— 38

9 Grenzland: Grenze und (lokale) Alltagspraktiken —— 43

10 Zusammenfassung —— 48

1 Einleitung

Auch und gerade unter Bedingungen der Globalisierung sind Grenzen ein wesentliches Element raumbezogener gesellschaftlicher Formierungsprozesse. Daher sind sie Gegenstand des Sonderforschungsbereichs (SFB) 1199 „Verräumlichungsprozesse unter Globalisierungsbedingungen" (Erste Förderphase 2016–2019).[1] Grenzen werden im Kontext des SFB als prozessual und relational verstanden: *prozessual* in dem Sinne einer Betonung des Be- und Abgrenzens als Tätigkeit; *relational* im Hinblick darauf, dass das Ziehen von Grenzen stets als kontextuell verstanden werden muss und diese Kontextualität wiederum als eine dynamische, veränderliche begriffen wird. Dieses Verständnis ermöglicht ein relativ breites Adressieren unterschiedlicher Formen des Grenzziehens wie auch unterschiedlicher Grade der sozialen und räumlichen Manifestation von Grenzen, ihrer gegenseitigen Beeinflussung und Stützung, ihrer sozialen Verbindlichkeit, Durchsetzung und Stabilität.

Innerhalb dieses Spektrums beschränkt sich der vorliegende Text auf staatliche Grenzen. Diese sind insofern für den SFB von Interesse, als der Nationalstaat eines der Raumformate ist, mit denen sich der SFB im Hinblick auf ihre Bedeutung für und ihre Veränderung durch die *global condition* auseinandersetzt. Einerseits ist das Raumformat des Nationalstaats durchaus erfolgreich im Hinblick auf seine – bei aller Variation und Fragilität – hegemonial gewordene Form sozialer und politischer Organisation und Herrschaft,[2] andererseits ist diese „Leitkategorie"[3] massiv unter Druck geraten. Was gegenwärtig im Hinblick auf die Durchsetzung einer *global condition* beobachtet und beschrieben wird, weist auf eine Ausdifferenzierung und Vervielfältigung von global agierenden Akteur*innen hin, die sich von einer primär auf Nationalstaaten und ihrer *inter*nationalen Verflechtung beruhenden Raumordnung emanzipieren.[4] Das hat zur Folge, dass die hegemoniale Position, die der Nationalstaat als Raumformat der Moderne erlangt hat, so unbestritten und selbstverständlich nicht mehr ist, wie sie in vielen Teilen der Welt (und nicht zuletzt in Europa) erschienen sein mag. Gegen die Folgen einer auf vielen Felder ökonomisch und kulturell durchgesetzten *global condition*, gegen die als Desintegration und Skalenvergrößerung sichtbar werdenden Bruch-

---

[1] Ich danke Tom Schwarzenberg und Frank Meyer (beide Leibniz-Institut für Länderkunde, Leipzig) für die konstruktive Diskussion der ersten Fassung dieses Textes sowie zwei anonymen Reviewer*innen für die gründliche Durchsicht und Kommentierung.
[2] M. Middell, *Raumformate: Bausteine in Prozesse der Neuverräumlichung*, Working paper series des SFB 1199 an der Universität Leipzig 14 (2018), S. 20.
[3] Ebd., S. 7.
[4] Ebd., S. 19 f.

linien und Verwerfungen und gegen die damit einhergehenden Verunsicherungen wird aktuell der Nationalstaat und mit ihm ein nationalstaatlich legitimiertes und entsprechend justiertes Grenzregime (wieder) in Stellung gebracht. Staatliche Grenzen sind in Europa gegenwärtig ein zentraler Topos politischer Auseinandersetzungen, in denen liberal-kosmopolitische, national-konservative, wirtschaftsliberale, populistische und offen rassistische Positionen artikuliert werden. Aber auch jenseits normativer Perspektiven auf staatliche Grenzen im Kontext ideologischer Polarisierungen stellt sich die Frage nach der Bedeutung (national-)staatlicher Grenzen im Hinblick auf die konkret – auch imaginativ – gegebenen sozial-räumlichen Ordnungen und Beziehungen: Welche Funktionen haben sie? Welche Erwartungen werden im Hinblick auf ihr „Funktionieren" von wem artikuliert? Welche Effekte und Widersprüche im Hinblick auf die Kontrolle welcher Mobilitäten werden durch Grenzen produziert?

Staatliche Grenzen – so die diesem Text zu Grunde liegende Annahme – haben als Mittel der Verräumlichung unter Bedingungen der Globalisierung keineswegs an Bedeutung verloren, sondern behalten wichtige Funktionen in Praxen des Raumordnens oder gewinnen sogar neue hinzu. In diesem Sinne können Grenzen als Mittel des Definierens wie auch des Sichtbarmachens dynamischer territorial-räumlicher Ordnungen des Sozialen, Wirtschaftlichen und Politischen verstanden werden.[5]

Als Mittel der Herstellung *gesellschaftlicher* Ordnungen als *räumliche* Ordnungen sind Grenzen eng verbunden mit einer Vielzahl von räumlichen Konstruktionen – im SFB 1199 als „Raumformate" adressiert[6] – die aus der Sicht der im Sonderforschungsbereich zusammenwirkenden Projekte von besonderer Relevanz für das Verständnis von Raum unter Bedingungen der Globalisierung sind. Raumformate sind einerseits durchgesetzte gesellschaftliche Strukturierungen, an denen sich Handeln ebenso (reproduzierend) orientieren, wie es sich von ihnen absetzen kann. Raumformate liegen andererseits als handlungsprägende Imaginationen vor. *Ein* solches Raumformat ist der Nationalstaat: eine global durchgesetzte, hegemonial gewordene, dennoch variantenreiche Form der Amalgamierung von Territorium, Souveränität und Herrschaft[7] – Murphy spricht von „regimes of territorial legitimation"[8] –, die regelmäßig nicht nur einen Herrschaftsraum, sondern auch einen Sozial- und Wirtschaftsraum definiert (unge-

---

5 Vgl. hierzu U. Engel, *Regionalismen*, Berlin, Boston: De Gruyter, 2018.
6 Middell, *Raumformate*, S. 3–6.
7 T. M. Li, „What is Land? Assembling a Resource for Global Investment", *Transaction of the Institute of British Geographers* 39 (2014), S. 589–602.
8 A. B. Murphy, „Territorial Ideology and Interstate Conflict", C. Flint (Hrsg.) *The Geography of War and Peace. From Death Camps to Diplomats*, Oxford: Oxford University Press, 2005.

achtet ihrer permanenten Überschreitungen). Painter[9] hat diese im Raumformat des Nationalstaats manifestierte Verdichtung als *territory effect* beschrieben und damit darauf verwiesen, dass Nationalstaaten Produkte von Prozessen und Praktiken sind, die ihrerseits als räumlich (territorialisierend, aber auch skalierend, vernetzend, verortend) verstanden werden können, oder, um es in der Terminologie des SFB auszudrücken, als „Ergebnisse von (...) Verräumlichungsprozessen, die sich durch längerfristige Wiederkehr, Routinisierung und Institutionalisierung sowie durch Performativität und die Reflexion ihrer Stabilisierung auszeichnen."[10]

Grenzen spielen für dieses Raumformat eine höchst relevante Rolle – was nicht zuletzt an einer Vielzahl aktueller Probleme beobachtet werden kann: Wenn über die Steuerung der Verteilung von Geflüchteten in der Europäischen Union (EU) verhandelt wird, steht im Kern das Schengenregime zur Debatte. Der Status der Grenze zwischen Nordirland und der Republik Irland hat sich im Laufe der Brexit-Verhandlungen als das möglicherweise am schwersten zu lösende Problem der Entflechtung von Beziehungen zwischen dem Vereinigten Königreich und der Europäischen Union erwiesen. Staatliche Grenzen interferieren zudem mit zahlreichen anderen Raumformaten wie z. B. „Regionen", „Imperien", „Warenketten" und deren inhärenten Grenzziehungen: Zum einen weil für diese Raumformate die jeweilige Ausprägung von Staatsgrenzen – z. B. in Form von Regulationen des Güter- und Zahlungsverkehrs – relevant sind, zum anderen, weil Raumformate stets mittels (eigener) Grenzziehungen operieren. Diese müssen keineswegs immer mit einer scharfen territorialen Demarkation einhergehen, sondern können symbolischer oder wahrnehmungsbezogener Art sein – und dennoch nicht minder wirksam im Hinblick auf sozialweltliche Ordnungsvorstellungen.

Der argumentative Ausgangspunkt ist mithin die (national-)staatliche Grenze, die als konstitutives Merkmal mit dem Territorium als hegemoniale räumliche Form der Organisation politischer Herrschaft in der Moderne einhergeht. Zudem beziehen sich die nachfolgenden Ausführungen primär auf Prozesse in Europa und Nordamerika, woraus eine Ausrichtung zugunsten bestimmter geopolitischer Problematisierungen resultiert, die die Erfahrungen des globalen Nordens stärker reflektiert als Perspektiven, die sich auf andere Voraussetzungen, Erfahrungen, Möglichkeiten und Restriktionen des Handelns beziehen. Dies wäre zwar im Hinblick auf eine umfassende Darstellung des sozial-räumlichen Phänomens „Grenze" wünschenswert, kann aber im Rahmen dieses Bandes nicht geleistet werden. Folglich sind die in den nachfolgenden Kapiteln getroffenen Aussagen

---

9 J. Painter, „Prosaic Geographies of Stateness", Political Geography 25 (2006), S. 752–774
10 M. Middell, *Raumformate*.

keine Aussagen über „Grenzen" schlechthin, sondern Aussagen, die im Wesentlichen auf der Interpretation Bedingungen und Ausprägungen von Grenzregimes in Europa und Nordamerika basieren.[11] So berücksichtigen die nachfolgenden Ausführungen vor dem Hintergrund eines Interesses an Fragen der Produktion und Reproduktion von Raumformaten primär Arbeiten,[12] die Grenzen – im Sinne der „arrangements theories"[13] – als Gegenstände der sozialen Welt deuten, d. h. die staatliche Grenzen nicht nur als Mittel und Ausdruck von Machtordnungen, sondern zugleich auch als Mittel und Ausdruck von Wissensordnungen verstehen.

In Kapitel 2 werden die Begriffe *border*, *bordering*, *borderscape* und Grenzregime/*border regime* im Hinblick auf ihre jeweilige Perspektive auf staatliche Grenzen diskutiert. Die in diesem Text verwendete Literatur spiegelt die Multidisziplinarität wider, die die gegenwärtige Grenzforschung prägt, hat aber – der eigenen disziplinären Herkunft geschuldet – einen Schwerpunkt in der Geographie und in den (geographienahen) *critical border studies*.[14] Ziel dieses Kapitels ist es, (erstens) die unterschiedlichen Reichweiten der konzeptionellen Begriffe in

---

[11] Darin spiegelt sich nicht zuletzt wider, dass Europa wesentlich an der Erfindung, Durchsetzung wie auch Globalisierung ebendieses Raumformats beteiligt war; einige grundlegende Überlegungen dazu in M. Middell, *Raumformate*.

[12] Diese Perspektive spiegelt sich nicht zuletzt in den Themen und Methoden der gegenwärtigen *(critical) border studies* wider, die die Bedeutung politischer Grenzen im und für das alltägliche Handeln von Menschen in Grenzregionen fokussieren. Instruktiv sind hierzu beispielsweise die Arbeiten von Nick Megoran zum Ferghanatal in Zentralasien, von Bettina Bruns zur polnisch-russischen Grenze, von Kristine Müller zur finnisch-russischen Grenze, von Olga Sasunkevich zur weißrussisch-litauischen Grenze oder von Julian Hollstegge und Martin Doevenspeck zur ruandisch-kongolesischen Grenze. Siehe N. Megoran, „For ethnography in political geography: Experiencing and re-imagining Ferghana Valley boundary closures", *Political Geography* 25 (2006), S. 622–640; N. Megoran, The Critical Geopolitics of the Uzbekistan-Kyrgyzstan Ferghana Valley Boundary Dispute, 1999–2000, *Political Geography* 23 (2004), S. 731–764; B. Bruns, *Grenze als Ressource – Die soziale Organisation von Schmuggel am Rande der Europäischen Union*, Wiesbaden: Vs Verlag, 2010; K. Müller, *Vor den Toren der Europäischen Union. Handlungsorientierungen ökonomischer Akteure an der östlichen Außengrenze der EU*, Wiesbaden: Springer VS, 2013; E. Sasunkevich, *Informal Trade, Gender and the Border Experience. From Political Borders to Social Boundaries*, Farnham, Burlington: Ashgate, 2015; J. Hollstegge, M. Doevenspeck, „‚Sovereignty Entrepreneurs' and the Production of State Power in Two Central African Borderlands", *Geopolitics* 22 (2017) 4, S. 815–836.

[13] J. Everts, M. Lahr-Kurten, M. Watson, „Practices Matters! Geographical Inquiry and Theories of Practice", *Erdkunde* 65 (2011) 4, S. 323–34, hier S. 325.

[14] H. Cunningham, J. Heyman, „Introduction: Mobilities and Enclosures at Borders", *Identities: Global Studies in Culture and Power* 11 (2004) 3, S. 289–302; N. Parker, N. Vaughan-Williams, „Lines in the Sand? Towards an Agenda for Critical Border Studies", *Geopolitics* 14 (2009) 3, S. 582–587; N. Parker, N. Vaughan-Williams, „Critical Border Studies: Broadening and Deepening the ‚Lines in the Sand' Agenda", *Geopolitics* 17 (2012) 4, S.727–733.

Bezug auf ihre Kapazität, die materiellen, strukturellen und symbolischen Dimensionen staatlichen Grenzen als Produkt und Mittel multipler Arrangements zu erfassen, um damit (zweitens) einen begrifflichen Rahmen dafür zu schaffen, dass das Verhältnis des Raumformats „Nationalstaat" zu „staatlichen Grenzen" weder eindeutig noch stabil ist. Dieser Gedanke wird in den Kapiteln 3 und 4 aufgegriffen und vertieft. Kapitel 3 betont zunächst die Rolle von staatlichen Grenzen im Sinne des von Painter identifizierten „territory effect" als Ausdruck sowohl einer territorial-räumlichen Verdichtung von Zirkulation und Regulation von sozialer, ökonomischer und politischer Prozesse als auch der Diskontinuität.[15] Kapitel 4 hebt die Bedeutung des „umzäunten Machtcontainers"[16] als Ergebnis wie auch als Projektionsfläche von Souveränität hervor. In Abschnitt 5 wird die Rolle staatlicher Grenzen für die Definition individueller wie kollektiver Identität – genauer gesagt für die Identifikation des Einzelnen in Bezug auf einen staatsbürgerlichen Status – herausgearbeitet. Daran schließen sich zwei Kapitel an, in denen die Veränderung von Kontroll- und Überwachungspraktiken als Prozess einer vielfältigen – räumlichen, organisatorischen und akteursbezogenen – Ausdifferenzierung.

Kapitel 8 und 9 thematisieren den konkreten Ort der Grenze und das Grenzland als Produkt der territorialen, fixen und wechselseitig exklusiven Gestalt des Raumformats Nationalstaat. Dies geschieht nicht um einem begrifflichen Konzept von Grenze das Wort zu reden, das diese auf eine lineare Demarkation reduziert, sondern um darauf zu verweisen, dass räumliche und soziale Dispersionen von Grenzfunktionen – die Verlagerung von Kontroll- und Überwachungsfunktionen in Datenbanken, in Visaerteilungsmechanismen, in ein ex-territoriales Vorfeld, an private Unternehmen usw. – eben nicht bedeutet, dass dem konkreten Ort der Grenze keine Bedeutung mehr zukäme. Dem – wie auch immer konkret zu bestimmende – Nahraum der Grenze kommt daher durchaus „immer noch" erhöhte Aufmerksamkeit zu: als Zone erhöhter staatlicher Wachsamkeit bis hin zur militärischen (Dauer-)Präsenz wie auch als Experimentierraum für niedrigschwellige Formen zwischenstaatlicher und zwischenzivilgesellschaftlicher Kontakte. Darüber hinaus ist er aber auch der Ort der Inszenierung der Präsenz von Staatlichkeit, und zwar gerade dann, wenn es darum geht, die hegemoniale Position des Raumformats Nationalstaat zu bestätigen, zu sichern und zu verteidigen.

---

15 M. A. Walker, Borders as Systems of Continuity and Discontinuity in the Age of Trump, *Journal of Latin American Geography* 16 (2017) 2, S. 173–76.
16 Im Original „bounded power-container", A. Giddens, *Social Theory and Modern Sociology*, Cambridge: Blackwell, 1987, hier S. 171.

2 *Border* und *bordering*, *borderscape* und Grenzregime: Eine begriffliche Vorbemerkung

Der vorliegende Text thematisiert staatliche Grenzen. Dies steht auf den ersten Blick in einem gewissen Kontrast zu theoretisch-konzeptionellen Debatten, die staatliche Grenzen in ein Kontinuum vielfältiger sozialer Praxen des Grenzen Ziehens einordnen und daher das Ziehen von Grenzen nicht primär im Kontext von Staatlichkeit und Herrschaft verorten. Tatsächlich ist es höchst plausibel, (national-)staatliche Grenzen theoretisch-begrifflich als spezifische Form von Grenzen aufzufassen. Die diesbezüglich gern aus dem Englischen herangezogene Unterscheidung von *boundary* und *border* – *boundary* im Sinne jeglicher Arbeit des Kategorisierens, Segmentierens und (Ein-)Ordnens, des Abgrenzens und Festlegens von Perimetern,[1] *border* eher im Kontext des Organisierens von Staatlichkeit[2] – erscheint vielfach als unbefriedigend, denn auch letzteres basiert auf (nicht selten gewaltsamen) Akten des Kategorisierens, Segmentierens, Abgrenzens usw. Daher wird in der jüngeren (geographischen) Grenzforschung der konstitutive Akt des/jeglichen Unterscheidens als gewissermaßen basale Voraussetzung jeglicher strukturellen und symbolischen Markierung einer Grenze betont[3] – allerdings um den Preis einer mangelnden Ausdifferenzierung der jeweils resultierenden sozial(räumlich)en Konstruktionen. Etwas spezifischer reagiert der Begriff des *borderings* auf das Problem: Mit ihm wird erstens betont, dass Grenzen permanent in und durch Praktiken aktualisiert werden müssen, ihre Existenz mithin an den Vollzug von Praktiken gebunden ist. Zweitens unterstreicht der Begriff den veränderlichen, dynamischen Charakter von Grenzen[4] und schließlich wird mit ihm hervorgehoben, dass unterschiedliche Logiken des Ab-

---

[1] Hierzu z. B.: G. E. Kreiner, E. C. Hollensbe, M. L. Sheep, „Balancing Borders and Bridges: Negotiating the Work-home Interface via Boundary Work Tactics", *Academy of Management Journal* 52 (2009) 4, S. 704–30.

[2] Hierzu z. B.: D. Newman, „Borders and Bordering", *European Journal of Social Theory* 9 (2006) 2, S. 171–186. Mit Bezug auf H. van Houtum, O. Kramsch, W. Zierhofer (Hrsg.), *B/Ordering Space*, Aldershot: Ashgate, 2005 unterscheiden Van der Velde und Van Naerssen zwischen *boundary*-Ansätzen, die das Wo der Grenze betonen, und *border*-Ansätzen, die das Wie in den Mittelpunkt rücken, siehe M. van der Velde, T. van Naerssen, „People, Borders and Trajectories: An Approach to Cross-border Mobility and Immobility in and to the European Union", *Area* 41 (2001) 2, S. 218–24 hier S. 220.

[3] M. Redepenning,„Über die Unvermeidlichkeit von Grenzziehungen", *Berichte zur deutschen Landeskunde* 79 (2005) 2/3, S. 167–177.

[4] Dies betont insbesondere D. Newman, „The Lines that Continue to Separate Us: Borders in Our 'Borderless' World".

grenzens ineinandergreifen und sich wechselseitig bestätigen und verstärken können.⁵

Enger auf den Vollzug von Kontroll- und Überwachungspraktiken ist der Begriff des Grenzregimes ausgerichtet; er konzentriert sich auf den Komplex der Prinzipien, Normen, Regeln und Verfahren, der als dynamisches „Resultat von Aushandlungen und konfliktreichen Auseinandersetzungen" verstanden wird, „dessen Stabilität durch das Handeln der Akteur*innen immer neu herausgefordert werden kann".⁶ Im Geflecht der grenzbezogenen Begriffe ist dieser eindeutiger als die zuvor genannten mit der Exekution staatlicher Gewaltmonopole und geopolitischen Strategien verbunden.⁷ Zugleich greift er aber in zweifacher, für die nachfolgende Argumentation relevanten Weise darüber hinaus: Grenzregimes sind – in diesem Punkt dem *bordering* ähnlich – nicht (einfach) strukturelle Verfestigungen, sondern werden in Praktiken aktualisiert, reproduziert und verändert. Diese sind stets als verkörperte, von implizitem Wissen durchzogene Praktiken zu denken. Zum anderen wird mit der Betonung von Prinzipien, Normen, Regeln und Verfahren ein analytisches Repertoire vorgeschlagen, mit dem

---

5 Ein instruktives Beispiel erläutert Mades am exemplarischen Fall des indigenen Volks der Tohono O'odham an der texanisch-mexikanischen Grenze; K. D. Mades, „A Basis for Bordering: Land, Migration, and Inter-Tohono O'odham Distinction Along the US-Mexico Line", R. Jones and C. Johnson (Hrsg.), *Placing the Border in Everyday Life*, Border Regions Series, Farnham: Ashgate, 2014.

6 J. Miggelbrink u. a., *Grenze aushandeln: Eine Untersuchung zur östlichen Schengengrenze 2007–2009*, Forum IfL Heft 35, Leipzig: Leibniz-Institut für Länderkunde, 2017; B. Belina, J. Miggelbrink, „Risk as a Technology of Power. FRONTEX as an Example of the De-politicisation of EU Migration Regimes", in: D. Müller-Mahn (Hrsg.), *The Spatial Dimension of Risk. How Geography Shapes the Emergence of Riskscapes*, London: earthscan, 2013; E. Berg, „Deconstructing Border Practices in the Estonian-Russian Borderland", *Geopolitics* 5 (2000) 3, S. 78–98; E. Berg, S. Ehin, „Uneven Border Strategy. What Kind of Border Regime is in the Making? Towards a Differentiated", *Cooperation and Conflict* 41 (2006) 1, S. 53–71; C. S. Browning, S. Joenniemi, „Geostrategies of the European Neighbourhood Policy", *European Journal of International Relations* 14 (2008) 3, S. 519–551; E. Guild, *The Border Abroad – Visas and Border Controls*, in: K. Groenendijk, E. Guild, S. Minderhout (Hrsg.), *In Search of Europe's Borders*, The Hague, New York: Kluwer Law International, 2003; A. Fischer-Lescano, T. Tohidipur, „Europäisches Grenzkontrollregime. Rechtsrahmen der europäischen Grenzschutzagentur FRONTEX", *Zeitschrift für ausländisches öffentliches Recht und Völkerrecht*, 67 (2007), S. 1219–1276; E. Brunet-Jailly, Security and Border Security Policies: Perimeter or Smart Border? Comparison of the European Union and Canadian-American Border Security Regime, *Journal of Borderland Studies* 21 (2006) 1, S. 3–21.

7 H. Dietrich, „‚Feindbild Illegale'. Eine Skizze zu Sozialtechnik und Grenzregime", in: K. Dominik (Hrsg.), *Angeworben, eingewandert, abgeschoben. Ein anderer Blick auf die Einwanderungsgesellschaft Bundesrepublik Deutschland*, Münster: Westfälisches Dampfboot, 1999; S. Hess, B. Kasparek (Hrsg.), *Grenzregime – Diskurse, Praktiken, Institutionen in Europa*, Assoziation A, 2010.

sich differenziert untersuchen lässt, *wie* staatliche[8] Grenzen „funktionieren". Das eröffnet eine produktive Ambivalenz: Grenzregime sind machtdurchsetzt und diese Macht ist eng mit dem Agieren von Staatsapparaten assoziiert. Mit der Betonung eines stets nur vorläufigen, stets umkämpften Komplexes von Prinzipien, Normen, Regeln und Verfahren wird der Machtbegriff aber zugleich verschoben auf den Prozess der jeweiligen Formierung dieses Komplexes, an denen unterschiedliche Akteur*innen, Interessen, Ressourcen beteiligt sind und unterschiedliche, affirmative wie auch subversive Kapazitäten zum Tragen kommen.

Der Begriff des *borderscape* bzw. *borderscaping* schließlich führt mehrere der bislang genannten Aspekte in einem Ansatz zusammen, der von Brambilla et al. als „multi-sited" und „inclusive" verstanden wird.[9] In einer gegenstandsbezogenen Bedeutung meint *borderscape*, dass Grenzen „sowohl durch unterschiedliche symbolische und materielle Formen und Funktionen als auch als sozio-politische und kulturelle Praktiken konstituiert werden"[10]. Als ein die Forschungsperspektive umschreibender Begriff meint *borderscape* aber auch, dass unterschiedliche Ebenen der Analyse – der politischen und alltagsweltlichen Repräsentationen, der Interaktionen, der künstlerischen Imaginationen – zusammengeführt werden sollen. Die nicht nur potenzielle, sondern konkrete formative, funktionale, situative, fluide Vielgestaltigkeit von Grenze, ihre figurative Variabilität,[11] wird gewissermaßen auf der konzeptionellen Ebene durch einen – mittlerweile wohl als transdisziplinär zu bezeichnenden Ansatz[12] – des *borderscape* gekontert, der das bereits im Konzept des *bordering* angelegte performative Verständnis weiterführt. Zugleich offeriert das *borderscape*-Konzept Anknüpfungspunkte für raumbezogene Aspekte gleich in mehrfacher Weise: Verortet in einer Debatte, die alle sozialen Verhältnisse, alle kulturellen Ausdrucksformen, alle ökonomischen Prozesse durch globalisierte Bedingungen beeinflusst sieht, sind *borderscapes* durch Bezüge, Bedingungen, Voraussetzungen, Ressourcen, Verbindungen geprägt, die sich nicht vorab räumlich bestimmen und einer bestimmten „Maßstabsebene" zurechnen lassen. Insofern ist eine *borderscape*-Perspektive stets

---

[8] Einschließlich der Grenzen von Entitäten mit begrenzter Staatlichkeit wie zum Beispiel der EU.
[9] C. Brambilla u. a., „Introduction: Thinking, Making, Acting and Living Borders under Contemporary Globalisation", in: C. Brambilla, J. Laine, G. Bocchi (Hrsg.), *Borderscaping: Imaginations and Practices of Border Making*, London, New York: Routledge, 2016, S. 2.
[10] Ebd. Hier wie auch im Folgenden wurden englische Zitate, die in deutsche Sätze eingefügt sind, der besseren Lesbarkeit halber übersetzt.
[11] H.-J. Bürkner, „Scaling and Bordering: An Elusive Relationship?", *Journal of Borderlands Studies* 34 (2019) 1, S. 71–87.
[12] Vgl. hierzu: C. Brambilla, J. Laine, G. Bocchi (Hrsg.), *Borderscaping: Imaginations and Practices of Border Making*, London, New York: Routledge, 2016.

rekonstruktiv im Hinblick auf die jeweiligen konstitutiven Praktiken und die ihnen inhärenten Verräumlichungen, die Teil des permanenten Arrangierens und Re-Arrangierens in und durch unterschiedliche Handlungsfelder, der „multi-sitedness", sind.[13] *Borderscapes* gehen aus global vernetzten Praktiken hervor, werden zugleich aber stets auf der Mikroebene körperbezogenen Handelns realisiert.[14] *Borderscapes* umfassen daher auch konkrete materielle Gestaltungen eines Grenzregimes – Einrichtungen zur Lenkung von Personenbewegungen an der Grenze, Schalter, Wartezonen, Inspektions- und Arresträume, die den „Flaschenhals" der Grenze formen.[15]

Mit ihrer relationalen, Temporalität und Arbitrarität von Entitäten betonenden, Praktiken-sensiblen Terminologie haben *borderscape*-Ansätze zahlreiche Parallelen mit Assemblage-Theorie(n),[16] Actor-Network-Theorien,[17] den Science and Technology Studies[18] und praxistheoretischen Entwürfe[19]. Wie diese betonen auch *borderscape*-Ansätze, dass die Herstellung, Entstehung und Stabilisierung von Gegenständen unauflöslich abhängig von den materiellen und immateriellen Bedingungen der Wissensproduktion sind. Folglich geht es nicht um *eine* (wie auch immer geartete) Ontologie der Grenze, sondern in relationaler Weise um multiple Ontologien, die in Praktiken und in unterschiedlichen Macht-Wissen-Komplexen eingebettet sind und aus diesen hervorgehen.[20]

---

[13] Zum Verständnis von *borderscape* als „arrangement theory" siehe T. Schwarzenberg, „Negotiating invisible lines: Cross-border emergency care in the rural north of Scandinavia", *Norsk Geografisk Tidsskrift – Norwegian Journal of Geography*, (2019).
[14] Hierzu z. B.: H.-J. Bürkner, „Scaling and Bordering: An Elusive Relationship?".
[15] C. Brambilla, „Exploring the Critical Potential of the Borderscapes Concept", *Geopolitics* 20 (2015) 1, S. 14 – 34; B. Neilson, „Borderscape: Between Governance and Sovereignty-Remaking the Borderscape to Australia's North", *Local – Global: Identity, Security, Community* 8 (2010), S. 124 – 40, hier S. 126.
[16] Einführend M. DeLanda, *Assemblage Theory*, Edinburgh: Edinburgh University Press, 2016; sowie im Kontext der Globalisierungsdebatte S. J. Collier, A. Ong (Hrsg.), *Global Assemblages. Technology, Politics, and Ethics as Anthropological Problems*, Malden u. a.: Blackwell, 2005.
[17] Hierzu z. B.: B. Latour, *Reassembling the Social: An Introduction to Actor-Network-Theory*, Oxford: Oxford University Press, 2005.
[18] Ein instruktives (wenn auch nicht auf Grenzen bezogenes) Beispiel zum Verständnis multipler Ontologien in den STS stellen J. Law, A. Mol, „Veterinary Realities: What is Foot and Mouth Disease?", *Sociologia Ruralis* 51 (2011) 1, S.1 – 16 dar.
[19] Einführend: T. Schatzki, *The Site of the Social. A Philosophical Account of the Constitution of Social Life and Change*, University Park: Pennsylvania State University Press, 2002.
[20] In diese Richtung weist der Aufsatz von Sohn, der hierfür die Assemblage-Debatte nutzt: C. Sohn, „Navigating borders' multiplicity: The Critical Potential of Assemblage", *Area* 48 (2016) 2, S. 183 – 189. Ähnlich auch T. Schwarzenberg, *Negotiating Invisible Lines*. *Borderscape*-Ansätze

Damit werden *borderscape*-Ansätze auch als Gegenposition zu – nach Meinung der Kritiker*innen – zu kurz greifenden Reduzierungen von Grenzen auf „Trennlinien", Differenzierungen anhand identitätslogischer Prinzipien und (primär) politischer Institutionen in Stellung gebracht[21]. Die konzeptionelle „Verschiebung von territorialen Trennungslinien und politischen Institutionen hin zu sozio-kulturellen Praktiken und Diskursen"[22] läuft allerdings Gefahr, die Wirkmächtigkeit des in der Form des modernen nationalstaatlichen Territorialisierungsprinzips *trotz aller Neujustierungen von Souveränität und Souveränitätsregimen*[23] hegemonialen Prinzips einer erdräumlich fixierten linearen Grenze konzeptionell zu nivellieren.

---

changieren jedoch zwischen einer Betonung multipler Ontologien und holistisch gefärbten Erkenntnisansprüchen, wie etwa in Brambilla u. a. (2016).
21 Hierzu z. B. Sohn, „Navigating borders' multiplicity".
22 Ebd., S. 183.
23 Hierzu J. Agnew, „Sovereignty Regimes: Territoriality and State Authority in Contemporary World Politics", *Annals of the Association of American Geographers* 95 (2005) 2, S. 437–461.

3 Staatliche Grenzen im Kontext räumlicher Strukturierungen des Sozialen

Unter den zahlreichen Mitteln, mit denen Gesellschaften sich organisieren, soziale Ordnung erzeugen und sichern, sind territorial-räumliche Grenzen eines der machtvollsten, symbolträchtigsten und umstrittensten.[1] Die nationalstaatliche Grenze ist eng verbunden mit einem Territorialisierungsprinzip, das im 19. Jahrhundert zunächst im westlichen Europa hegemonial wird: das Prinzip fixierter, distinkter, wechselseitig exklusiver und (schließlich) demarkierter Räume staatlicher Souveränität. Staatsgrenzen wurden – bei aller Vielfalt ihrer konkreten Erscheinungsformen – zum Mittel wie auch zum Ausdruck einer als spezifisch neuzeitlich verstandenen Raumordnung: der Ordnung der „umzäunten Machtcontainer" souveräner Staaten.[2] „An kaum einer Stelle", wie Reuber[3] betont, „treten die Machtwirkungen gesellschaftlicher Räumlichkeit so eindrucksvoll hervor wie hier."

Die nordamerikanische *frontier* ist ein instruktives Beispiel für die gewaltsame Durchsetzung von Territorialisierungen im Kontext sich formierender Staatlichkeit. Die *frontier* war weniger eine Grenze als vielmehr eine Zone unklarer bzw. wechselnder Machtverhältnisse, die nicht primär durch eine lineare Abgrenzung territoriale Gebilde definiert ist als vielmehr – in wechselnden Gemengelagen und Interessenkoalitionen „staatlicher" und „nicht-staatlicher" Akteur*innen durch den permanenten Kampf um die Aneignung von Land und die anschließende Sicherung der Kontrolle über dasselbe.[4] Die von Reuber angesprochene Räumlichkeit entfaltet sich nach innen in all den vielfältigen Formen, in denen Staatlichkeit das Alltagsleben durchdringt und gestaltet oder zumindest Strukturierungsansprüche erhebt[5] – und dabei auch mit anderen Verräumlichungen interferiert. Nach außen entfaltet sich diese Raumordnung im Hinblick auf die je eigene, mit dem Territorium gewissermaßen amalgamierte Souveränität, die in der linearen, erdräumlich fixierten territorialen Grenzen kulminiert.

---

[1] Siehe hierzu als historischen Querschnitt W. von Bredow, *Grenzen. Eine Geschichte des Zusammenlebens vom Limes bis Schengen*, Berlin: Theiss, 2014.
[2] Im Original „bounded power-container", A. Giddens, *Social Theory and Modern Sociology*, hier S. 171.
[3] S. Reuber, *Politische Geographie*, Paderborn: Schöningh (UTB), 2012.
[4] Siehe als Überblick M. Anderson, *Frontiers: Territory and State Formation in the Modern World*, Hoboken: John Wiley & Sons, 2013.
[5] Vgl. J. Painter, „Prosaic Geographies of Stateness".

Räumliche Ordnungen des Sozialen werden aber nicht nur durch das Agieren von Staatsapparaten und Kriegsmaschinerien geprägt, sondern auch durch ökonomische Verflechtungen bestimmt,[6] für deren zirkulatorische Logiken – die Mobilitäten von Waren, Kapital und Arbeitskraft – Staatsgrenzen auf vielfältige Weise relevant werden können. Ökonomische Interessen (z. B. das Interesse an einem ungehinderten Kapital- und Warenverkehr) und politische Interessen (z. B. Wahrung der souveränen Rechte des einzelnen Staates, Interesse an der Kontrolle der Bewegung von Menschen, Interesse an Steuer- und Zolleinnahmen) können dabei in ein Spannungsverhältnis geraten. Die weitgehende Aufhebung innereuropäischer Grenzen durch die Schengener Abkommen, die eine zentrale Voraussetzung für die Schaffung eines *Binnenmarkts* war, stellt einen besonders prominenten, derzeit massiv kritisierten Versuch dar, den Widerspruch zwischen politischer und ökonomischer Verräumlichung zu lösen.

Staatsgrenzen sind im Hinblick auf ihre Effekte ausgesprochen ambivalent: Grenzen markieren und sichern staatliche Territorien und gehören damit zum Repertoire räumlich-institutioneller Praktiken, die gesellschaftliche Ordnung als (national-)staatliche Ordnung herstellen. Strategische Ansprüche, nationalstaatliche Verhältnisse zu überwinden (wie z. B. durch die Etablierung des europäischen Binnenmarkts mittels der Einheitlichen Europäischen Akte) wie auch umgekehrt diese gegen Nachbarstaaten oder aber in bestimmte Richtungen nach außen abzuschotten (z. B. Abgrenzung der DDR gegen die BRD, aber auch – phasenweise – gegenüber Polen; Abgrenzung Nordkoreas gegen China, Russland und v. a. Japan), basieren essentiell auf der Formierung und praktischen Durchsetzung eines entsprechenden Grenzregimes. Die Schlüsselfunktion von Grenzregimes in Bezug auf die Organisation gesellschaftlicher Ordnungen wird nicht zuletzt in den Verhandlungen zum Austritt des Vereinigten Königreichs aus der EU deutlich, in denen die Frage einer zukünftigen Gestaltung der (Land-)Grenze zwischen der Republik Irland und dem Vereinigten Königreich zu einem der schwierigsten Kapitel gehört.[7] Regionalisierungsprozesse wirken sich mithin nicht nur auf die konkrete Gestaltung von Grenzregimes aus, indem etwa Zollbestimmungen vereinheitlicht und Freihandelszonen eingerichtet werden. Sie wirken sich auch auf die Möglichkeit der Definition der Bedingungen, d. h. – im Falle des Schengenraums – der weitgehende Verzicht auf bilaterale Aushandlungen zugunsten eines homogenisierten Kanons von Regeln und Praktiken der Durchsetzung derselben.

---

6 K. Ohmae, *The Borderless World. Power and Strategy in the Interlinked Economy,* New York: HarperBusmess, 1990.
7 Zum Zeitpunkt der Fertigstellung des Manuskripts (September 2018) hatte die britische Regierung immer noch kein schlüssiges Konzept präsentiert.

In seiner 2012 erschienenen *Politischen Geographie* versteht Paul Reuber[8] Grenzen als Mittel sozialer Strukturierung, das zwar „eine räumliche, eine physisch-materielle Komponente enthalten"[9] könne, die aber nicht als Ursache oder determinierendes Moment verstanden werden dürfe. Diese Argumentationslinie lässt sich zu einem Diktum des Soziologen Georg Simmel zurückverfolgen, das besagt, dass eine Grenze „nicht eine räumliche Tatsache mit soziologischen Wirkungen [ist], sondern eine soziologische Tatsache, die sich räumlich formt".[10] Beide Zitate, zwischen denen mehr als ein Jahrhundert liegt, verweisen auf ein fundamentales Problem im Verständnis politischer Grenzen: Auch wenn sie sich visuell/medial und im individuellen Erleben eines Grenzübertritts *gerade* durch ihre physische Gestalt aufdrängen, sind Grenzen primär ein Produkt gesellschaftlicher Verhältnisse – der gewaltsamen Abgrenzung von Machtsphären wie auch der Verdichtung sozialer Beziehungen und der Integration zirkulatorischer Prozesse – die sich physisch-materieller, „landschaftlicher" Markierungen bedienen *können*. Eine Grenze, die z. B. einem Flusslauf, einem Hochgebirgsgrat, einer Wasserscheide oder einer Küste folgt, anhand bestimmter Qualitäten der naturräumlichen Ausstattung verstehen und *erklären* zu wollen, ist daher wenig sinnvoll. Ein Hochgebirgsgrat determiniert nicht die Grenze zwischen zwei Staaten, er kann sie bestenfalls markieren. Gleichwohl ist es natürlich berechtigt der Frage nachzugehen, wie und unter welchen Bedingungen ein Grenzverlauf in einer bestimmten Weise (friedlich oder gewaltsam) festgesetzt worden ist, warum ein Grenzverlauf sich an bestimmten landschaftlichen Gegebenheiten orientiert[11] und warum es in einem bestimmten historischen Moment überhaupt notwendig wurde, einer politischen Entität eine eindeutige, d. h. linear begrenzte territoriale Gestalt zu geben.[12] Ebenso wie eine Grenze sich an naturräumlichen Gegebenheiten orientieren *kann*, kann sie aber auch quer zu diesen verlaufen.[13]

---

8 Reuber, *Politische Geographie*, S. 61.
9 Ebd.
10 G. Simmel, „Der Raum und die räumliche Ordnung der Gesellschaft", in: M. Eigmüller, G. Vobruba (Hrsg.), *Grenzsoziologie*. Wiesbaden: VS, 2006, S. 15–23 (Originaltext 1908 erschienen).
11 Die Grenze zwischen der nach Unabhängigkeit strebenden Republik Abchasien und Georgien verläuft durch den Enguri/Egry; er markiert die Waffenstillstandslinie, auf die sich die Kriegsparteien 1994 einigen konnten. Dennoch ist der Fluss keine „natürliche" Grenze, sondern ein an einem bestimmten landschaftlichen Element orientiertes Ergebnis gewalttätiger Aushandlungsprozesse.
12 Ausgehend von einer etymologischen Untersuchung zum Zusammenhang von *terrain*, *terror* und *territory* beschäftigen sich vor allem die Arbeiten von Stuart Elden (S. Elden, „Land, Terrain, Territory", *Progress in Human Geography* 34 [2010] 6, S. 799–817; S. Elden, „Governmentality, Calculation, Territory", *Environment and Planning D: Society and Space* 25 [2007] 3, S. 562–580)

Insbesondere im Kontext politisch-geographischer Praktiken und Wissensproduktionen gelten Territorien und Grenzen – im Sinne des englischen *boundary* – vielfach als komplementäre, in die Landschaft eingeschriebene Konstruktion: die lineare Form der Grenze umschließt das zweidimensionale Territorium.[14] Von einer „natürlichen" Grenze zu sprechen stellt jedoch eine ontologische Verschiebung dar, weil es eine soziale, historische und damit auch kontingente Erscheinung zu einer natürlichen und damit in gewisser Weise unvermeidlichen und dem gesellschaftlichen Zugriff entzogenen, d. h. naturalisierten und reifizierten Tatsache macht. Diese Kritik stellt allerdings nicht die Wirkmächtigkeit der Verschiebung in Frage, sondern unterstreicht eher ihre Zähigkeit, die letztlich auch konzeptionellen Veränderungen häufig entgegensteht: Denn auch wenn die Annahme „natürlicher Grenzen" wissenschaftlich problematisch und in Bezug auf ihren Erklärungsgehalt äußerst unbefriedigend ist, bedeutet das nicht, dass die Vorstellung einer Natürlichkeit von Grenzen irrelevant wäre – im Gegenteil:

---

mit dem Zusammenhang von militärischer Eroberung und der Definition eines Territoriums mittels linearer Grenzziehung.

13 Durch das Ferghana-Tal beispielsweise, das im Hinblick auf seine klimatischen, orographischen und hydrographischen Bedingungen wie auch im Hinblick auf die infrastrukturelle Erschließung und landwirtschaftliche Nutzung als Einheit wahrgenommen werden könnte, laufen die Staatsgrenzen von Usbekistan, Tadschikistan und Kirgistan. Zudem ist es bis in die angrenzenden Bergregionen hinein durchsetzt mit Exklaven: der tadschikischen Exklaven Sarwan in Usbekistan und Woruch in Kirgistan, den usbekischen Exklaven So'x, Chong-Kara, Jangail und Shohimardon in Kirgisistan und der kirgisischen Exklave Barok in Usbekistan. Einige Exklaven, wie die zu Tadschikistan gehörende Siedlung West-Qal'acha/Kayragach in Kirgistan umfassen nicht vielmehr als eine Straßeneinmündung, einige Häuser und etwas angrenzendes Bergland (N. Megoran, The Border of Eternal Friendship? The Politics and Pain of Nationalism and Identity Along the Uzbekistan-Kyrgyzstan Ferghana Valley Boundary, 1999–2000, University of Cambridge, 2002, https://www.staff.ncl.ac.uk/nick.megoran/pdf/ nick_megoran_phd.pdf (abgerufen am 12. März 2019); R. Gabdulhakov, Geographical Exclaves of Fergana Valley: Do Good Fences Make Good neighbors? , o.J. [ca. 2014], http://osce-academy.net/upload/Policy_briefs/Policy_Brief_14.pdf (zuletzt eingesehen am 12. März 2019). Diese Exklaven sind keine Hinterlassenschaft der Auflösung der Sowjetunion, sondern bestehen wesentlich länger. Einige waren 1955 Gegenstand einer inter-republikanischer Kommission zur Demarkation von Grenzen, die ihre Arbeit aber nie beenden konnte (siehe Megoran, *The Border of Eternal Friendship?*, S. 39). Unter sowjetischer Herrschaft waren die Grenzen zwischen den SSR sowie rund um die Exklaven im Ferghana-Tal im Alltagsleben kaum spürbar; mit dem Zerfall der UdSSR änderte sich ihr Status und ihre alltägliche Relevanz jedoch beträchtlich. Einige Exklaven wurden mit Stacheldrahtzäunen und Straßenblockaden vom Umland abgetrennt; vgl. Megoran, *The Border of Eternal Friendship?*, S. 180 ff.

14 S. Elden, „Terror and Territory", *Antipode* 39 (2007) 5, S. 821–845; S. Reuber, „Territorien und Grenzen", in: J. Lossau, T. Freytag, R. Lippuner (Hrsg.), *Schlüsselbegriffe der Kultur- und Sozialgeographie*, Stuttgart: UTB, 2014, S. 192–197.

Der physisch-materielle Raum bietet eine Vielzahl von Möglichkeiten, sozialweltliche Differenzierungen zu festigen und zugleich jenseits der sozialen Sphäre zu begründen. Er kann ausgedeutet werden, wenn es darum geht Raumordnungen herzustellen und zu plausibilisieren. Er kann – beispielsweise als Hochgebirgskamm – die Widerständigkeiten bieten, die es erleichtern, soziale Sphären voneinander zu trennen (und getrennt zu halten), um so – bei Bedarf[15] – eindeutige Wirtschafts-, Einfluss- und Kontrollsphären zu definieren. Mit anderen Worten: Die in der Semantik der „natürlichen Grenze" adressierte Aneignung des physisch-materiellen Raumes fungiert als eine Reifizierungs- und Naturalisierungsmaschinerie, mittels derer sozialweltliche Grenzziehungen nicht nur festgeschrieben werden, sondern zugleich von ihrem sozialweltlichen Ursprung abgetrennt und gereinigt werden können.

Die physische Markierung ist eine (arbiträre) Manifestation einer sozialen Grenzziehung, d. h. der physische, landschaftliche Raum bringt eine soziale Grenzziehung nicht hervor, kann sie aber – auf den ersten Blick oft hochplausibel – abbilden, sichtbar machen, damit aber auch reifizieren und festschreiben. Er kann dies aber nur aufgrund sozialer Akte, die ihm diese Funktion und Bedeutung zuschreiben. Die Arbitrarität solcher Aneignungsakte wird dann sichtbar, wenn sie sich ändern oder wenn es einander widersprechende Logiken der Aneignung gibt. Ein Fluss kann im Sinne der Separierung als „sinnvolle" Grenzlinie erscheinen, weil er als eine sichtbare Unterbrechung der Kontinuität einer Landschaft gedeutet werden kann, deren Überwindung mit technischem, organisatorischem, finanziellem und zeitlichem Aufwand verbunden ist[16]. Er lässt sich wahrscheinlich auch besser kontrollieren allerdings als z. B. eine Feldkante. In der Logik des Wassermanagements, das sich zunehmend[17] auf unterirdische Aquifere richtet, stellt eine am Oberflächenphänomen Flusslauf orientierte Grenze gerade eben keine „natürliche" Grenze dar, sondern eine organisatorisch-

---

15 Eine eindeutige Fixierung ist keine notwendige Voraussetzung für Staatlichkeit, wohl aber ein Mittel, um Steuereinnahmen und Kontrolle über Bodenschätze u. ä. zu sichern; vgl. hierzu die Festlegung der Grenze zwischen Dänemark-Norwegen und Schweden-Finnland im 18. Jahrhundert, in S. Koch, „Sami-State Relations and its Impact on Reindeer Herding Across the Norwegian-Swedish Border", J. Miggelbrink u. a. (Hrsg.), *Nomadic and Indigenous Spaces. Productions and Cognitions*, Farnham: Ashgate, 2014.
16 Mit dann gelegentlich bizarren Effekten wie sie beispielsweise Ileana Stănculescu in ihrem Dokumentarfilm „Podul peste Tisa/The Bridge" (2004) zeigt, vgl. J. Miggelbrink, „Crossing Lines, Crossed by Lines: Everyday Practices and Local Border Traffic in Schengen Regulated Borderlands", in: R. Jones, C. Johnson (Hrsg.), *Placing the Border in Everyday Life*, Border Regions Series, Farnham: Ashgate, 2014.
17 Nicht zuletzt vor dem Hintergrund eines wachsenden Wasserbedarfs vieler Gesellschaften *und* des Klimawandels, der dazu führt, dass die Wasserversorgung an vielen Orten unzuverlässig wird.

administrativ-politische Herausforderung,[18] an der sich potenziell neue Konflikte entzünden können.[19]

Daraus resultiert, zweitens, dass nicht die „soziale Tatsache" der Grenze im Zentrum des analytischen Interesses steht, sondern die sozialen Akte des Grenzen Ziehens, d. h. des *(spatial) bordering*.[20] Dieser Begriff trägt dem Problem insofern Rechnung als er „Praktiken des Ordnens und der diskursiven Differenzierungen zwischen uns und den anderen" [21] als Praktiken versteht, die sich räumlicher Mittel *bedienen*, um sozialweltliche Differenzierungen manifest und sichtbar zu machen.[22]

Im disziplinären Kontext der Geographie spiegelt sich in dieser begrifflichen Differenzierung auch die Suche nach einem breiter angelegten, sozialtheoretisch kompatiblen Grenzbegriff wider, der das „klassische geographische Untersuchungsobjekt der Grenze"[23] in eine disziplinübergreifende Debatte über die Funktion und Bedeutung des Treffens und Markierens von Unterscheidungen und Differenzen einordnet. Die räumlich markierte und auf diese Weise in die Landschaft eingeschriebene Grenze ist demnach eine *spezifische* – nämlich mit räumlichen Mitteln vollzogene und oft als selbstverständlich und gegeben erscheinende – Manifestation von gesellschaftlich durchgesetzten Unterscheidungen.

Die Macht staatlicher Grenzen resultiert aus der permanenten wechselseitigen Bestätigung territorialer Markierung und sozialweltlicher Ordnungsfunktion, durch die die kategorialen Ordnungen der sozialen Welt räumlich festgeschrieben

---

18 Vgl. für den Rio Grande S. S. Mumme, „Advancing Binational Cooperation in Transboundary Aquifer Management on the US-Mexico Border", *Colorado Journal of International Environmental Law and Policy* 16 (2005) 77. Die aus der Überlagerung eines Aquifers mit einer politischen Grenze resultierende Komplexitätssteigerung firmiert in der Literatur bei einigen Autor*innen als *hydroschizophrenia*; vgl. T. Jarvis u. a., „International Borders, Ground Water Flow, and Hydroschizophrenia", *Groundwater* 43 (2005) 5, S. 764–770.
19 So z. B. M. T. Klare, „The New Geography of Conflict", *Foreign Affairs* (2001), S. 49–61.
20 H. van Houtum, „The Geopolitics of Borders and Boundaries", *Geopolitics* 10 (2005) 4, S. 672–679.
21 Im Original: „practices of ordering and the discursive differentiation between us and them".
22 Darin unterscheidet sich diese Herangehensweise fundamental von typologisierenden Ansätzen, die Grenzen und Grenzräume anhand der ihnen zugeschriebenen Eigenschaften klassifizieren (so beispielsweise bei O. J. Martinez, *Border People: Life and Society in the US-Mexico Borderland*, Tucson: University of Arizona Press, 1994). Zu Recht weist Von Bredow darauf hin, dass mancher dieser typologisierenden Ansätze, wie z. B. von Haushofer 1929, aus heutiger Zeit mehr als befremdlich erscheinen (W. Von Bredow, *Grenzen. Eine Geschichte des Zusammenlebens vom Limes bis Schengen*, Darmstadt: Theiss, 2014, S. 21 f.).
23 M. Redepenning, *Wozu Raum? Systemtheorie, critical geopolitics und raumbezogene Semantiken*, Leipzig: Leibniz-Institut für Länderkunde, 2006, hier S. 26.

und bestätigt werden.²⁴ Grenzen haben mithin eine über ihre unmittelbare Funktion Mobilitäten zu kontrollieren hinausgehende, strukturierende Wirkung im Hinblick auf die grundlegende, ideologisch leicht zu mobilisierende Dichotomie des Wir hier/Andere dort.²⁵ Erst indem der analytische Fokus von der *border* zum *bordering* verschoben wird, kann die Funktionsweise der Reifizierungsmaschine „Grenze" offen gelegt werden.

---

24 F. Meyer, „Scale up, Harry! Discursive Transition (and Continuity) in the EU's 'Area of Freedom, Security and Justice' Between 1995 and 2014", in: B. Bruns, D. Happ, H. Zichner (Hrsg.), *European Neighbourhood Policy. Geopolitics Between Integration and Security*, London: Palgrave Macmillan, 2016, S. 23–45; C. Johnson, „Competing Para-Sovereignties in the Borderlands of Europe", *Geopolitics* 22 (2017) 4, S. 772–793.
25 M. Redepenning, *Wozu Raum?*.

4 Souveränität und Grenzsicherung

In einem Verständnis von Staatlichkeit, in dem Staaten gleichermaßen abgegrenzte Entitäten sind *und* über die interne Kompetenz der Gesetzgebung verfügen, markieren Grenzen den territorialen Raum staatlicher Souveränität und sind zugleich Ausdruck derselben. Souveränität bedeutet, so Agnew, exklusive Verfügung über die Macht innerhalb eines Territoriums.[1] Stuart Elden[2] wiederum bezeichnet die territoriale Aufrechterhaltung existierender Grenzen als zentrales Merkmal der Beziehung zwischen Staat und Territorium; Territorium und Grenze sind demzufolge Instrumente der Sicherung des Verhältnisses von Staat und Souveränität.

In seiner Analyse gegenwärtiger Souveränitätsregime argumentiert Agnew, dass genau diese „Komplizenschaft" zwischen räumlichem Mittel und Souveränität (so) nicht mehr gegeben sei: Gegenwärtige Souveränitätsregime zeichnen sich mithin dadurch aus, dass Souveränität zunehmend a-territorial ausgeübt wird. „Effektive Souveränität", so Agnew,[3] sei nicht notwendigerweise gebunden an, noch beschränkt auf die territoriale Grenzziehung eines individuellen States. Sie werde zunehmend durch nicht-staatliche Akteur*innen ausgeübt (al Qaeda; Söldnerunternehmen), werde auf eine suprastaatliche Ebene verlagert (EU) oder durch Mittel ausgeübt, die faktisch die Grenzen des einen Staates überschreiten und in andere hineinwirken (Währungspolitik der Federal Reserve). Nicht zuletzt aufgrund dieser und ähnlicher zu beobachtender partieller Entkopplungen von Souveränität und nationalstaatlichem Territorium müsse auch das Verhältnis von Grenzregime und Souveränität neu diskutiert werden.

Die Befunde dazu sind jedoch ambivalent: Auf der einen Seite ist insbesondere im europäischen Kontext seit den 1980er Jahre eine partielle Umverteilung von Souveränität zugunsten internationaler Entitäten zu beobachten. Zu nennen sind erstens Maßnahmen, die die Wechselkursschwankungen zwischen Staaten dauerhaft verhindern,[4] also die Schaffung des ECU (European Currency Unit) und des Euro sowie die damit verbundene Entmachtung der einzelstaatlichen Zen-

---

[1] J. Agnew, *Geopolitics: Re-visioning World Politics*, London, New York: Routledge, 1998, hier Kap. 3; im Original „effective sovereignty".
[2] S. Elden, „Terror and Territory – The Spatial Extent of Sovereignty", University of Minnesota, 2009, S. 825.
[3] J. Agnew, „Sovereignty Regimes: Territoriality and State Authority in Contemporary World Politics", *Annals of the Association of American Geographers* 95 (2005), S. 437–461, hier S. 438.
[4] Und damit faktisch einen einheitlichen Wirtschaftsraum schaffen, in dem einzelstaatliche Regierungen nicht mehr befugt und in der Lage sind, mittels Kursangleichungen Investitions- und Konsumprozesse zu steuern.

tralbanken zugunsten der Europäischen Zentralbank (EZB) und der Eurogruppe. Damit verbunden sind – zweitens – all jene Maßnahmen, die die Territorien der Mitgliedsstaaten der EU zu *einem* Raum mit weitgehender Freizügigkeit für die Mobilität von Menschen, Waren, Finanzen und Dienstleistungen umformten. Dieser ist zwar kein staatliches Territorium im Sinne eines Nationalstaats, wird aber seit dem Vertrag von Amsterdam als ein gemeinsamer „Raum der Freiheit, der Sicherheit und des Rechts" diskursiv hergestellt.[5] Dieser beruht auf weiteren skalaren Verlagerungen spezifischer Dimensionen von Souveränität, die insbesondere die staatsbürgerschaftlichen Rechte und die Vereinheitlichung der Grenzkontrollen auf der Basis von (niedrigschwelligen) Binnen- und (hochschwelligen) Außengrenzen betreffen. Regionalisierungsprozesse setzen mithin eine partielle skalare Verlagerung von Grenzfunktionen und damit eine partielle Verlagerung von Souveränität voraus; der Zusammenhang von Grenze und Souveränität bleibt zwar bestehen, wird aber im Konfliktfall zum Gegenstand der Konkurrenz unterschiedlicher Raumformate: des Nationalstaats und einer suprastaatlichen Regionalisierung.

Galt diese Souveränitätsverlagerung lange Zeit als Voraussetzung für eine erfolgreiche Behauptung Europas unter Bedingungen der Globalisierung, wird nun auf der anderen Seite in der jüngsten Vergangenheit eine eindeutige Ordnung sich wechselseitig ausschließender souveräner territorialer Entitäten politisch (wieder) eingefordert und auch konkret praktiziert, etwa im Rahmen der diversen Maßnahmen zur Aussetzung des Schengener Grenzregimes. Daraus entstehen neue Konfliktzonen – beispielsweise an der Brennerroute –, in denen Renationalisierungen sich unmittelbar im Aufeinandertreffen migrantischer und nichtmigrantischer Positionen entzünden.[6] Souveränität, so können diese wenigen Beispiele zeigen, steht in keinem eindeutigen Verhältnis zum Staat und dessen Territorium. Mittel souveräner Herrschaft greifen über sie hinaus, ökonomisch motivierte Entscheidungen können ihre Einschränkung ebenso wie das Zurückgewinnen derselben begründen. Kurz: Der aus dem Begriff der Grenze abgeleitete Nexus von Staat und Territorium mit einer scharfen Trennung des Inneren vom Äußeren ist keineswegs selbstverständlich, sondern stets umkämpft.

Vor dem Hintergrund der These, dass das Raumformat des Nationalstaats seine Selbstverständlichkeit als hegemoniales Prinzip räumlich-sozialer Organisation verloren hat, stellt sich die Frage nach konkurrierenden und alternativen, aber auch ergänzenden Raumformaten. Daher ist es aufschlussreich, staatliche

---

5 F. Meyer, „Scale up, Harry!"
6 M. Schmidt-Sembdner, „Grenzkontrollen als ‚dauerhaftes Provisorium'? Renationalisierungsprozesse im Schengenraum am Beispiel der Brennerroute", *movements* 4 (2018) 2, S. 57–76.

Grenzen unter der Perspektive räumlich „überlagernden" und zwischen Akteur*innen „geteilten" Souveränitäten anzuschauen und damit herauszuarbeiten, dass Souveränität nicht eine *a priori* gegebene Eigenschaft einer politischen Entität ist, sondern sich stets in einem konkreten Kontext manifestiert. Der Schengenraum lässt sich als ein solches Gebilde überlagernder Souveränitäten verstehen, in dem Ausmaß und Dauerhaftigkeit der Überlagerung (derzeit) heftig umstritten sind. Corey Johnson verwendet dafür den Begriff der Para-Souveränität (*para-sovereignty*).[7] Dieser wurde ursprünglich auf Staaten angewendet, die aufgrund vermeintlicher oder tatsächlicher struktureller Defizite (unfreiwillig) Autorität an nicht-staatliche Akteur*innen wie z. B. NGOs abtreten (müssen).[8] Johnson nutzt ihn, um zu beschreiben, dass im Prozess der Formierung eines suprastaatlichen europäischen Grenzregimes souveräne Mitgliedsstaaten und EU-Institutionen, die als para-souveräne Akteur*innen auftreten, aufeinandertreffen. Auch wenn sich der Begriff in seiner ursprünglichen Bedeutung (schwache Staaten, keine konstitutionelle Absicherung der Souveränitätsverlagerung) vom Prozess der Etablierung des Schengenraums unterscheidet, sieht Johnson dennoch wichtige Parallelen u. a. im Hinblick auf die konkurrierenden und rechtlich ambigen Souveränitätsansprüche der beteiligten Akteur*innen sowie den experimentellen Charakter des Abweichens vom Prinzip territorialer Exklusivität des modernen Staates.[9] Diese Beobachtungen lassen sich durchaus einordnen in die konstatierte Krise des Raumformats Nationalstaat, der mit den Mitteln der Staatlichkeit, d. h. auch mit Mitteln der Umgestaltung von Grenzregimen eine Vielzahl von Interessen (ökonomischer, kultureller, sicherheitspolitischer Art) bedienen muss.

Souveränitäten überlappen sich aber nicht nur vertikal, d. h. in einer Weise, in der Souveränität als hierarchische Ordnung zwischen staatlichen und suprastaatlichen Entitäten ausgehandelt wird. Souveränitäten überlagern sich, wie Matthew Longo[10] konstatiert, auch horizontal. Solche horizontalen Überlagerungen von Souveränitäten – von Longo als *co-bordering* bezeichnet[11] – lassen sich sowohl in der rechtlichen Gestaltung von Grenzregimes wie auch in der praktischen Organisation beobachten. Die Einhegungsfunktion der Grenze geht damit nicht verloren, es handelt sich also nicht um eine Liberalisierung der Grenzsicherung, sondern um eine Überlagerung der linearen Grenzsicherung in

---

7 C. Johnson, „Competing Para-Sovereignties in the Borderlands of Europe", 2017, S. 744.
8 Ebd.
9 Ebd., S. 779.
10 M. Longo, „From Sovereignty to Imperium: Borders, Frontiers and the Specter of Neo-Imperialism", *Geopolitics* 22 (2017) 4, S. 757–771.
11 Ebd., S. 760.

einem „zonal perimeter",¹² die aus der Zusammenarbeit zwischen den grenzsichernden Akteur*innen von Nachbarländern resultieren. Unter den rezenten Bedingungen der Globalisierung, so können diese Hinweise gedeutet werden, sind auch „mächtige" Staaten immer weniger in der Lage, ihre Grenzen allein zu sichern, sondern sind auf Kooperationen mit Nachbarstaaten angewiesen. Diese Kooperationen erfordern dann u. U. wiederum Kompromisse im Hinblick auf eine geopolitische Imagination einer auf wechselseitige Ausschließung ausgerichteten, territorial exklusiven Souveränität – etwa wenn eine effektivere Bekämpfung von Straftäter*innen durch sog. Nacheile bedeutet, dass Polizist*innen ihre Verfolgung über die Staatsgrenze hinweg im Nachbarland fortsetzen müssten. Voraussetzung für eine solche partielle Überlagerung von Zuständigkeitsräumen exekutiver Organe, die sich institutionell in der Einrichtung gemeinsamer Polizeidienststellen im Grenzraum manifestieren können, sind bilaterale Polizei- und Zollverträge.¹³ Am Problem der Nacheile lässt sich mithin verdeutlichen, dass praktische Erfordernisse nicht nur mit komplexen Verräumlichungsprozessen einhergehen, sondern dieser bedürfen.

Grenzen sind nicht zuletzt deswegen in sozialwissenschaftlicher Hinsicht höchst aufschlussreiche Orte, weil der in ihnen manifestierte Anspruch, mit den rechtlichen und administrativen Mitteln des Staates grenzüberschreitende Mobilitäten zu kontrollieren und ggf. zu verhindern, erst in den konkreten Praxen realisiert wird. Grenzbeamt*innen entscheiden, wer genauer kontrolliert wird und wer durchgewinkt wird und welches Fahrzeug mit Drogenspürhunden abgesucht wird. Sie entscheiden auch, wer in Bezug auf eine einmal etablierte Agenda des *racial profiling* „verdächtig" aussieht. Dies sind einige wenige Beispiele dafür, dass der Blick auf Grenzregime allein als *de iure*-Konstruktion nicht genügt. Grenzregime werden durch eine Vielzahl von Praktiken geschaffen und aufrechterhalten, in denen gesetzliche Vorschriften, antrainierte Beobachtungsformen, habitualisiertes Verhalten und verinnerlichte Konzepte, aber auch technische Instrumente, Körpersprachen, bauliche Anordnungen und Infrastrukturen zusammenwirken.

Der Begriff des *petty sovereigns* arbeitet den Aspekt der Etablierung von Regeln jenseits des kodifizierten Rechts heraus: An Grenzen gelten gelegentlich Regeln, deren Ausübung durch Grenzschützer*innen und Zöllner*innen –

---

12 Ebd., S. 758.
13 Vgl. A. Ligocka, *Die polizeiliche Nacheile über die deutsch-polnische Grenze*, Tübingen: Mohr Siebeck, 2018. Für Deutschland gibt es eine Übersicht unter https://www.bmi.bund.de/DE/themen/sicherheit/nationale-und-internationale-zusammenarbeit/grenzueberschreitende-polizeiliche-zusammenarbeit/grenzueberschreitende-polizeiliche-zusammenarbeit-node.html (abgerufen am 4. September 2018).

buchstäblich im Gewand der Staatsmacht – nur scheinbar aus dem Gesetz abgeleitet ist, tatsächlich aber auch selbst gesetzten, durch Aushandlung entstandenen, interessengeleiteten Regeln folgt, die nicht vom Gesetz gedeckt sind. Der *petty sovereign*, so der auf Judith Butler[14] zurückgehende Begriff, regiert jenseits oder parallel zur Ausübung staatlicher Souveränität.[15] In der Aushandlung konkreter Grenzregimes tritt der *petty sovereign* oft in der Gestalt von *sovereignty entrepreneurs* auf,[16] staatlichen wie nicht-staatlichen Akteur*innen, für die die Aneignung souveräner Macht nicht zuletzt eine Quelle eigenen Profits und der Sicherung des Lebensunterhalts ist. Die Möglichkeit von *sovereignty entrepreneurship* korrespondiert wiederum mit der Frage, mit welchem Nachdruck oder mit welcher Nachlässigkeit eine aus dem Gesetz abgeleitete Souveränität verfolgt wird. Vermutlich ist es kein Zufall, dass das Begriffsrepertoire aus dem Kontext schwach ausgeprägter Staatlichkeit stammt. In konkreten Grenzregimes, so lässt sich aus diesen Beobachtungen folgern, gibt es nicht *den einen* Souverän, der durch das Gesetz wirkt, sondern eine Vielzahl souveräner Instanzen, die das Gesetz ihres Handelns bestimmen, und zwar durchaus in Komplizenschaft (und Personalunion) mit jenen Instanzen, die das Gesetz vollziehen. Eine Grenzbeamt*in kann beides sein, der/die Vertreter*in der Staatsmacht wie auch ein *sovereign entrepreneur*, der Mittel anwendet, Verfahren erfindet und Handlungsmuster etabliert, die weder vom Gesetz vorgesehen noch von ihm gedeckt sind. Dazu gehören die vielen kleinen „Gepflogenheiten", die den Transfer an einer Grenze beschleunigen oder überhaupt erst ermöglichen – der Dollarschein im Pass, informelle „Gebührenordnungen", die persönlichen Kontakte und nicht monetären Gegenleistungen, die sich zwischen regelmäßigen Grenzgänger*innen und Grenzschützer*innen etabliert haben usw.[17]

Diese Hinweise legen nahe, Souveränität im Kontext der Grenzforschung weniger als eine Eigenschaft von Staaten oder – differenzierter – staatlicher Apparate zu verstehen und in ein absolutes Verhältnis zum Grenzregime zu setzen,

---

14 J. Butler, *Precarious Life. The Powers of Mourning and Violence*. New York: Verso, 2004.
15 B. Brucato, *Fabricating the Color Line in a White Democracy: From Slave Catchers to Petty Sovereigns*, Berghahn Books: Berghahn Books, 2014, S. 45.
16 J. Hollstegge, M. Doevenspeck, „‚Sovereignty Entrepreneurs' and the Production of State Power in Two Central African Borderlands", *Geopolitics* 22 (2017) 4, S. 818.
17 Vgl. hierzu die Beispiele in B. Bruns, J. Miggelbrink, *Subverting Borders. Doing Research on Smuggling and Small-Scale Trade*, Wiesbaden: VS, 2012; K. Müller, J. Miggelbrink, „‚The Glove Compartment Half-full of Letters'. Informality and Cross-border Trade at the Rims of the Schengen Area", in: J. Morris, A. Polese (Hrsg.), *The Informal Post-Socialist Economy. Embedded Practices and Livelihood*, London, New York: Routledge, 2014, S. 152–164.

sondern Souveränität als eine performative Praxis zu begreifen.[18] Damit wird eine Perspektive auf Souveränität eröffnet, mit der diese nicht als abstrakte „Eigenschaft" von Staaten thematisiert wird, sondern als ausgeübt durch Akteure, die dazu ermächtigt sind bzw. als ermächtigt erachtet werden.

---

18 G. Ó' Tuathail, S. Dalby, „Introduction: Rethinking Geopolitics: Towards a Critical Geopolitics", in: G. Ó' Tuathail, S. Dalby (Hrsg.), *Rethinking Geopolitics*, London, New York: Routledge, 2002 [1998], S. 1–15.

5 Identität und Identifikation

Die zweifelsfreie Identifikation von Individuen – insbesondere von kriminellen Subjekten – wurde, wie Noiriel am Beispiel Frankreichs zeigt, im 19. Jahrhundert zu einem zentralen Problem von Polizei und Administration.[1] Dessen Lösung basierte – durchaus umstritten – einerseits auf der Entwicklung und dem Einsatz von Identifikationstechnologien (u. a. Polizeifotografie, Erfassung körperbezogener Merkmale) und der Einrichtung von karteikartenbasierten Registern, in denen u. a. straffällig gewordene Individuen erfasst wurden. Andererseits basiert sie auf der Ausstellung von Ausweisen – zunächst für Ausländer*innen, später für alle. Beides zusammen war die Voraussetzung dafür, dass seit dem Ende des Ersten Weltkriegs „das Ausstellen eines Passes ein bedeutender Akt nationaler Souveränität"[2] gegenüber den Individuen werden konnte.

Personale Identität ist keine primordiale Eigenschaft eines Individuums, sondern Teil staatlicher Bemühungen, sowohl Zugehörigkeit als auch Bewegung zu kontrollieren. Mehr noch: Personale Identität wird mittels des Instruments der Ausgabe von Pässen zu einem „zentralen Element der staatlichen Monopolisierung der legitimen Mittel des Bewegung seit der Französischen Revolution".[3] Diese „Monopolisierung der legitimen Mittel der Bewegung" war ein längerer und keineswegs einheitlicher Prozess[4], der selbst wiederum zu Schärfung des Raumformats Nationalstaats beitrug, weil er einerseits bestimmter Voraussetzungen

---

[1] G. Noiriel, *Die Tyrannei des Nationalen. Sozialgeschichte des Asylrechts in Europa*, Lüneburg: Klampen, 1994. Die lokal geführten Personenstandsakten waren notorisch unzuverlässig, viele Menschen kannten ihren Personenstand nicht (z. B. Geburtsort und -datum), Geburten- und Todesfallregister wurden nicht abgeglichen, so dass vielfach eine eindeutige Identitätsfeststellung für ein Individuum nicht möglich war und Täuschungen sehr einfach waren.
[2] Ebd., S. 162f.
[3] Im Original „essential to states' monopolization of the legitimate means of movement since the French revolution"; J. Torpey, *The Invention of the Passport. Surveillance, Citizenship and the State*. Cambridge: Cambridge University Press, 2000, S. 3.
[4] Das zeigt Torpey in seiner Untersuchung zur Entwicklung des Passes in Frankreich, indem er parallele Bestrebungen der Bewegungs- und Identitätskontrolle im Vereinigten Königreich und Preußen heranzieht. Ein wichtiger Aspekt in diesem Prozess ist, dass mit fortschreitender Industrialisierung und Internationalisierung der wirtschaftlichen Beziehungen nicht zuletzt in Preußen und für die „deutsche Kleinstaaterei" eine größere Reisefreiheit essentiell wurde. Ein auf die Bevölkerung gerichtetes Kontrollinteresse insbesondere der als problematisch erachteten Gruppen und die Liberalisierung von Reisemöglichkeiten gerieten in eine Spannungsverhältnis, in dem Passgesetze und zwischenstaatliche Verträge über die wechselseitige Anerkennung einfacher Identitätsnachweise zu einem zentralen Instrument der Wahrung nationalstaatlicher Interessen und gleichzeitig der Verdichtung zwischenstaatlicher Beziehungen wurden (zur Entwicklung vgl. ebd., S. 76–81).

bedurfte (u. a. gesetzlicher Grundlagen), andererseits aber neue Notwendigkeiten schuf (u. a. die Notwendigkeit der Kontrolle von Reisedokumenten und Techniken der zweifelsfreien Identifizierung; Aufbau entsprechender administrativer und baulicher Infrastrukturen)[5].

Nationalisierung beruht mithin entscheidend auf einem Akt der Zuerkennung einer eindeutigen, als national verstandenen Identität; es ist das souveräne Recht eines Staates, diese Identität zu verleihen oder zu verweigern. Dieser Akt der Identifikation hat eine individuelle wie auch eine kollektive Dimension, indem er Inländer*innen von Ausländer*innen unterscheidet. Letzteren können dann beispielsweise im Rahmen von Visaregelungen abgestufte Zutrittsrechte gewährt werden. Der Pass kann sowohl ein individuell hochrelevantes Rechts- und Ermöglichungsinstrument sein, wie auch ein Repressionsinstrument. Nationalität ist eine Zuordnung von Individuen, die aus einem Prozess der Nationalisierung *hervorgeht*, der wiederum auf der Durchsetzung von Technologien der Identifikation des Individuums und seiner Zuordnung zu bestimmten Gruppen – nämlich Inländer*innen und Ausländer*innen – basiert.[6] Nationalisierung lässt sich daher als kontingentes Ergebnis eines Prozesses der Kontrolle einer an sich indifferenten Bevölkerungsmasse verstehen, in dem es zunächst[7] vor allem darum ging, unliebsame Personen zum Zweck der Kriminalitätsbekämpfung zweifelsfrei zu identifizieren.[8] Erst nachgelagert werden der Pass und andere Identitätsnachweise zu einem Mittel des Regierens von Bevölkerungsmassen, weil sie gleichzeitig die Zugehörigkeit zu einem bestimmten Kollektiv wie auch die Existenz und Identität des Einzelnen bestätigen.[9]

---

5 Ebd., S. 7.
6 Ebd., S. 164.
7 Andere Gründe waren die Inventarisierung des Humankapitals sowie Fragen der Allokation von Ressourcen, mithin also die Erfassung und Bereitstellung von Daten, die gesamtstaatliche Bedarfe und Verfügungsmöglichkeiten sichtbar, handhabbar und kontrollierbar machten und damit diese Einheit auch herstellten.
8 Oder das Gemeinwesen vor bestimmten Personen zu schützen. „Souveränität" kann, wie Falk am Beispiel der Seuchenpolitik italienischer Städte erläutert, aus ganz konkreten Situationen und Problemlagen entstehen (F. Falk, *Eine gestische Geschichte der Grenze: Wie der Liberalismus an der Grenze an seine Grenze kommt*, München: Wilhelm Fink, 2011, S. 21).
9 Besonders weit geht diesbezüglich der schwedische Staat: Hier erhalten alle Neugeborenen eine eigene Identifikationsnummer, die ein Leben lang und für alle administrativen Zwecke – von der Sozialversicherung über die Besteuerung bis hin zu Gesundheitsverwaltung und Studienförderung – relevant ist. Dies ermöglicht eine maximale Integration des personenbezogenen Wissens.

Was mit dem Blick auf die heutigen Grenzregimes in Europa und Nordamerika als „policing at a distance"[10] bezeichnet wird und in der Biometrisierung seinen vorläufigen Höhepunkt erreicht hat, entstand mithin im 19. Jahrhundert mit der Ablösung der Identität vom konkreten Körper. Identität ist etwas, das mittels eines „Papiers" (eines Passes, einer Identitätskarte) belegt wird, und nicht länger durch ein bloßes Wiedererkennen und Bezeugen dieses Wiedererkennens im Aufeinandertreffen von Individuen.

Identität ist keine inhärente Eigenschaft von sozialen Entitäten, sondern das Ergebnis von Zuschreibungen, von Vorgängen und Prozessen des Identifizierens, in denen soziale Kategorien, die ihrerseits historisch und gesellschaftlich bedingt sind, angewendet werden. Das, was als Eigenschaft wahrgenommen und *festgestellt* wird – die Identität von etwas/von jemandem – beruht darauf, dass Routinen, Mechanismen und Logiken des (Zu-)Ordnens entwickelt werden, die schließlich so selbstverständlich sind, dass sie im alltäglichen Gebrauch als „gegeben" und „vorgängig" erscheinen.

Eine moderne, standardisierte Kontrolle von Mobilität und Wanderungsbewegungen setzt sich gegen Ende des 19. und zu Beginn des 20. Jahrhunderts durch, und zwar als Folge und Mittel eines Identitätsverständnisses und -managements, dessen Grundlage der Nationalismus und der Nationalstaat als primärer Referenzrahmen politischer und sozialer Ordnung sind.[11] Dieser Prozess ist auch als Reaktion auf die zunehmende, räumlich ungleich verlaufende Industrialisierung sowie die damit zusammenhängende Mobilisierung von Arbeitskräften und Handelsbeziehungen zu verstehen.[12] Das legt durchaus die These nahe, dass das Raumformat Nationalstaat einschließlich der Entwicklung von darauf bezogenen Grenzregimes weniger ein Hindernis im Prozess der Entstehung globaler ökonomischer Verflechtungen und der Durchsetzung globaler Arbeits- und Warenmärkte ist, sondern vielmehr ein Mittel, diese Dynamiken einzufangen und in bestimmte Formen zu bringen.

---

10 D. Bigo, E. Guild, „Policing at a Distance: Schengen Visa Policies", in: D. Bigo, E. Guild (Hrsg.), *Controlling Frontiers. Free Movement Into and Within Europe*, Aldershot: Ashgate, 2005, S. 233– 263.
11 A. M. McKeown, *Melancholy Order. Asian migration and the globalization of borders.* New York: Columbia University Press, S. 303.
12 Auf den Zusammenhang von nationalstaatlich basierter Migrationskontrolle und Industrialisierung verweist A. M. McKeown, *Melancholy Order. Asian migration and the globalization of borders*, S. 6–7 bereits einleitend. Er weist hier auch zu Recht darauf hin, dass Grenzkontrollen nicht zwangsläufig eine repressive Funktion haben, sondern auch Ausdruck und Mittel der Autonomisierung und des Gewinns nationalstaatlicher Souveränität gegenüber kolonialisierenden Instanzen sein können.

Identifikation hat in Bezug auf Grenzen drei wesentliche Dimensionen: Erstens zielt die Grenzkontrolle auf die Feststellung der *individuellen Identität:* Die Person, die einreisen möchte, ist die, als die sie sich ausweist; und diese Übereinstimmung müssen Grenzbeamt*innen durch Prüfung bestätigen. Technische Innovationen vom einfachen Lichtbildausweis bis zum biometrischen Pass versprechen diesbezüglich, die Wahrscheinlichkeit eines Irrtums bzw. einer Täuschung zu verringern.

Zweitens geht es um die *Identifikation eines Individuums im Verhältnis zu einer etablierten Rechtsgemeinschaft* von Bürger*innen, d. h. um die Staatsbürgerschaft. Diese unterliegt nun ihrerseits normativen Bewertungen, woraus für Reisende je nach ihrer Staatsbürgerschaft abgestufte Reglementierungen gelten, die üblicherweise durch die Visapflicht bzw. -freiheit reguliert werden. Identifikation bedeutet in diesem Fall Zuerkennen einer Staatsbürgerschaft und der damit verbundenen Rechte gegen den eigenen Staat wie auch im Verhältnis zu anderen Staaten.

Drittens geht es um die Identifikation der einzelnen Person im Hinblick auf *Eigenschaften, Merkmale und Einstellungen,* die als unerwünscht und problematisch erachtet werden und folglich zu einer Ablehnung der Einreise führen, falls der/die Reisende sie erfüllt oder im Verdacht steht, diese zu erfüllen. Diese Kriterien können höchst unterschiedlich und sehr veränderlich sein: Unter dem Eindruck einer befürchteten Pandemie kann Reisenden mit einer erhöhten Körpertemperatur die Einreise verweigert werden, auch wenn die Körpertemperatur nur ein höchst unspezifisches Kriterium für eine von der Person ausgehenden Gefahr ist. Die Herkunft einer/eines Reisenden aus einem überwiegend durch Religion X geprägten Land, kann in einem überwiegend durch Religion Y geprägten Land als hinreichender Verdachtsmoment für eine Bedrohung gewertet werden und die Einreise erschweren oder verhindern. Solche und ähnliche Kriterien haben zudem eine höchst unterschiedliche Plausibilität bzw. Willkürlichkeit: Während eine erhöhte Körpertemperatur keineswegs immer auf eine ansteckende bzw. eine ganz spezifische ansteckende Erkrankung hinweist – also die Identifikation fiebernder Reisender als z. B. Überträger*innen von H1N1 (Influenza-A-Virus, in den Medien auch als Schweinegrippe bekannt) oder SARS (Schweres Akutes Respiratorisches Syndrom) mäßig plausibel ist[13] –, kann ein personenbezogener Eintrag in einer dem Schengener Informationssystem angeschlossenen Datenbank deutlich plausibler erscheinen. Identifikationen, die auf

---

13 Die Plausibilität kann ggf. dann höher sein, wenn das Kriterium der Körpertemperatur mit dem der Herkunft aus einem Gebiet, in dem die Krankheit bereits nachweislich ausgebrochen ist, kombiniert wird.

der Gleichsetzung von „Reisende*r aus einem Land mit muslimischer Mehrheit" mit „Moslem/Muslima" gleich „Islamist*in" gleich „potentiell terroristisch" basieren, sind dagegen hoch problematisch, weil sie kollektive Urteile darstellen, durch die jede*r Einzelne latent kriminalisiert wird. Grenzregime identifizieren mithin nicht einfach Reisende, sie identifizieren diese vor veränderlichen normativen Hintergründen in wertender Absicht.

Alle Techniken, die zur zweifelsfreien Identifizierung der einzelnen Person entwickelt wurden, beruhen auf der Erfassung, Vernetzung und Aufbewahrung von Daten – seien es Karteikarten oder umfangreiche elektronische Datenbanken. Auch wenn die primäre Verwendung von Daten zweckgebunden und ihre Erhebung und Verwendung rechtlich ist, werden stets Daten produziert, die über die Identifizierbarkeit der einzelnen Person hinaus und für *andere* Zwecke genutzt werden können.[14] Das „Anhäufen von Daten durch Regierungen, die für weitere Zwecke benutzt werden könnten", ist mithin nicht nur ein „Nebeneffekt"[15] von Identifizierungstechniken, sondern ein systematisches Merkmal von Grenzüberwachungsbemühungen, die mit Nationalisierungsprozessen einhergehen. Grenzen markieren und sichern nicht einfach das, was als „nationaler Körper" immer schon und vorgängig existent gewesen wäre, sie sind performativ.[16]

---

14 M. B. Salter, „Passports, Mobility, and Security: How Smart Can the Border Be?", *International Studies Perspectives* 5 (2004) 1, S. 86 ff.
15 Ebd.
16 M. B. Salter, „Places Everyone! Studying the Performativity of the Border", *Political Geography* 30 (2011), S. 66 f.

6 Versicherheitlichung und *preparedness*

Insbesondere in Europa und Nordamerika sind Grenzen zu einem Instrument von Gesellschaften geworden, die sich selbst als von diversen Risiken bedroht zu sehen gelernt haben und Grenzen daher als räumliches Mittel der Herstellung und Garantie von Sicherheit verstehen.[1] Ausgehend von ihren risiko- bzw. sicherheitspolitischen Funktionen werden Grenzen daher gegenwärtig zu einem ebenso multiplen wie selektiv wirkenden räumlichen Regulativ für sich immer weiter ausdifferenzierende Formen der Mobilität von Menschen, Waren, Finanzen, Ideen, Mikroorganismen usw. Grenzen sind zu – mehr oder minder – flexibel justierbaren[2] räumlichen Mitteln des Regierens geworden; mit ihnen lassen sich Bewegungen beschleunigen, verlangsamen, verhindern und selektieren. Im Hinblick auf das Regieren von Menschen einschließlich ihrer Bewegungen haben sie damit nicht zuletzt eine biopolitische Funktion, wie Walters unterstreicht:[3] Sie sind „zu einem privilegierten Instrument der systematischen Regulierung von

---

[1] Zum „Risiko" als Legitimierung von Grenzsicherungsstrategien vgl. u. a. J. Ackleson, „Border Security in a Risk Society", *Journal of Borderlands Studies* 20 (2005) 1, S. 1–20; S. Andreas, „Redrawing the Line. Borders and Security in the Twenty-first Century", *International Security* 28 (2003) 2, S. 78–111; B. Belina, J. Miggelbrink, „Am Ostrand des „wettbewerbsfähigsten Wirtschaftsraums der Welt". (Raum-)Theoretische Überlegungen zur Produktion der EU-Außengrenze als Territorialisierungs- und Skalenstrategie", in: W. Lukowski, M. Wagner (Hrsg.), *Alltag im Grenzland. Schmuggel als ökonomische Strategie an der EU-Ostgrenze*, Wiesbaden: VS, 2010, S. 215–240; A. Ceyhan, „Policing by Dossier: Identification and Surveillance in an Era of Uncertainty and Fear", in: Bigo, Guild (Hrsg.), *Controlling Frontiers*, S. 209–232; K. Côté-Boucher, „The Diffuse Border: Intelligence-Sharing, Control and Confinement along Canada's Smart Border", *Surveillance & Society* 5 (2008) 2, S. 142–165; W. de Lint, „The Security Double Take: The Political, Simulation and the Border", ebd., S. 166–187; D. Wilson, L. Weber, „Surveillance, Risk and Preemption on the Australian Border", ebd., S. 124–141.
[2] Diese flexible Adaption an Interessen und Zwecke wird in der politisch-administrativen Praxis insbesondere in den USA als *smart border*-Politik bezeichnet: Foreign Affairs and International Trade Canada, *The Canada-U.S. Smart Border Declaration*. 2001, http://www.dfait-maeci.gc.ca/anti-terrorism/declaration-en.asp (abgerufen am 23. November 2009); The White House – President George W. Bush, *U.S.-Canada Smart Border/30 Point Action Plan Update*. 2002, http://georgewbush-whitehouse.archives.gov/news/releases/2002/12/20021206-1.html (abgerufen am 23. März 2019). Siehe hierzu auch M. B. Salter, „Passports, Mobility, and Security: How smart can the border be?", *International Studies Perspectives* 5 (2004) 1, S. 71–91; E. Brunet-Jailly, „Security and Border Security Policies: Perimeter or Smart Border? Comparison of the European Union and Canadian-American Border Security Regime", *Journal of Borderland Studies* 21 (2006) 1, S. 3–21.
[3] W. Walters, „Mapping Schengenland: Die Grenze denaturalisieren", M. Pieper u. a. (Hrsg.), *Biopolitik – in der Debatte*, Wiebaden: VS, 2011, S. 305–337.

Bevölkerung im nationalen wie transnationalen Maßstab [geworden] – ihrer Mobilität, ihrer Gesundheit und Sicherheit".

Sichtbar werden Regulierungserwartungen vor allem in krisenhaften Situationen, in denen Erwartungen an Grenzfunktionen nicht mehr erfüllt werden und sie uns *deswegen* in Erinnerung gerufen werden. Solche Krisen gibt es immer wieder, sie haben unterschiedliche Anlässe und führen in unterschiedlicher Weise zu Neujustierungen von Grenzregimes. Krisen rufen aber häufig auch eine ganz bestimmte Imagination von „Grenze" auf, und zwar ein, die dieser eine fundamentale Schutzfunktion im Hinblick auf eine Gesellschaft hat, die in nationalstaatlichen Entitäten gedacht wird: Der Ausbruch einer HUS-Epidemie (hämolytisch-urämisches Syndrom, auch als EHEC-(enterohämorrhagische Escherichia coli)-Epidemie bezeichnet) löste 2011 eine hektische Suche nach Ursachen und Ausbreitungswegen aus und führte zeitweise zu Importkontrollen von spanischen Lebensmitteln. Die Auseinandersetzungen über die Geflüchteten, die 2015 über die sog. Balkanroute Ungarn und damit die EU erreichten, legten offen, dass die EU nicht über akzeptierte und effektive Verfahren des Umgangs mit Geflüchteten und Asylsuchenden verfügt und führte zu einer (befristeten) Re-Installation von Grenzkontrollen. Wenn massenmedial über Grenzen berichtet wird, dann häufig deswegen, weil sie nicht „funktioniert" haben oder ihr „Versagen" eine Gefährdung des Gemeinwesens, das sie einschließen, bedeuten könnte. Mit dem begrenzten Container des Nationalstaats wird in solchen Situationen imaginativ wie strukturell die Erwartung der Absicherung eben dieses Gemeinwesens durch entsprechende Gesetze und Überwachungs- und Kontrollmechanismen verbunden – durchaus auch ungeachtet der Wirksamkeit dieser Mittel.[4]

Die Mobilität von Menschen über Grenzen hinweg ist – ebenso wie der Wunsch nach Kontrolle dieser Mobilität – veränderlichen Interessen und Zwecken unterworfen. Sie ist Gegenstand von Definitionen, Kategorisierungen und Strukturierungsansprüchen (z. B. im Hinblick auf erwünschte und unerwünschte Zuwanderungen) und mit unterschiedlichen Machtpositionen verbunden – auf der Seite derjenigen, die grenzüberschreitend mobil sind, ebenso wie auf der diese Mobilität kontrollierenden Seite.[5] Mobilität und Mobilitätskontrolle betreffen aber

---

[4] Am sinnfälligsten wohl in der Debatte um den vom US-amerikanischen Präsidenten Donald Trump immer wieder angekündigten Bau einer Mauer zu Mexiko; vgl. M. Yang, „Crossing Between the Great Wall of China and the ‚Great' Trump Wall", *Palgrave Communications* 3 (2017) 1, S. 1–6.
[5] Im Sommer 2018 wurde die Dynamik von Strukturierungsansprüchen im Kontext der deutschen Debatte um ein Einwanderungsgesetz durch den Begriff des „Spurwechsels" sichtbar; ein dem Asylrecht unterliegende Person, die keinen bzw. einen befristeten Aufenthaltstitel hat, könne demnach perspektivisch als erwünschte und dringend benötigte Arbeitskraft dem Einwanderungsrecht untergeordnet werden, woraus sich individuell ein vollkommen anderer rechtlicher

bei Weitem nicht nur die Bewegungen von Menschen – auch wenn diese Mobilität massenmedial derzeit besonders intensiv kommentiert wird. Kontrollansprüche werden im Hinblick auf alles, was potenziell mobil ist, artikuliert: Menschen, Waren, Dienstleistungen, Finanzen, Viren, Daten usw. Was jedoch auf *welche Weise* und mit *welchen* Mitteln *welchen und wessen* Kontroll- und Überwachungsansprüchen unterworfen wird, *wie* diese legitimiert werden, *welche* Akteur*innen involviert sind und *welche* Routinen und Techniken eingesetzt werden, variiert erheblich. Grenzen sind weniger eine einheitliche Maschinerie als vielmehr ein Konglomerat aus Techniken, Wissen und Macht.

Ein solcher Macht-Wissen-Technik-Komplex – man könnte mit Agamben durchaus von einem Dispositiv (*apparatus*) sprechen[6] – ist veränderlich. Sicherlich wäre es überzogen, einem solchen Dispositiv eine einheitliche, alle grenzrelevanten Praktiken determinierende Ausrichtung zu unterstellen. Mindestens als These lässt sich jedoch die Annahme aufstellen, dass das Dispositiv der Grenze auch großen Erzählungen und Imaginationen unterliegt. Die Vorstellung einer „borderless world" war in den frühen 1990er Jahren eine durchaus inspirierende Utopie,[7] die spätestens seit den frühen 2000er Jahren als naive Illusion erscheint.[8] Mindestens mit Blick auf die europäischen und nordamerikanischen Verhältnisse lässt sich die gegenwärtige Imagination eher als Dispositiv beschreiben, das der Logik der Versicherheitlichung[9] entspricht. Mit diesem auf die Arbeiten von Foucault[10] zurückgehenden Begriff ist gemeint, dass „Ereignisse und potenzielle Ereignisse, Institutionen und Maßnahmen, Handlungen und Personen in ein Szenario der Bedrohung und der Notwendigkeit der Überwachung, Kontrolle und Prävention einordnet".[11] Eine solche Einordnung ist produktiv in dem Sinne, dass sie Auswirkungen darauf hat, wie Dinge – Menschen, Ideen, Vorstellungen, Ver-

---

und sozialer Status ergeben würde. Deutlich wird: Die Position des Einzelnen ist wesentlich bestimmt durch die (perspektivische) Verwertbarkeit der Arbeitskraft.
6 G. Agamben, *Was ist ein Dispositiv?* Zürich, Berlin: Diaphanes, 2008.
7 S. Virilio, *Rasender Stillstand*. Limitierte Sonderausgabe, Frankfurt am Main: Fischer-Taschenbuch-Verl., 1998; Ohmae, *The Borderless World*.
8 A. Paasi, „‚A Borderless World'. Is it only Rhetoric or Will Boundaries Disappear in the Globalizing World?", S. Reuber, G. Wolkersdorfer (Hrsg.), *Politische Geographie*, Heidelberg: Selbstverlag des Geographischen Instituts der Universität Heidelberg, 2001, S. 133–146; D. Newman, „The Lines That Continue to Separate Us: Borders in Our ‚Borderless' World", *Progress in Human Geography* 30 (2004) 2.
9 Wæver, Ole, „Securitization and Desecuritization", in: R.D. Lipschutz (Hrsg.), *On Security*, New York: Columbia University Press, 1995, S. 46–86.
10 M. Foucault, *Sicherheit, Territorium, Bevölkerung: Vorlesung am Collège de France, 1977–1978*, hrsg. v. Michel Sennelaert, Frankfurt am Main: Suhrkamp, 2006 [1978].
11 B. Belina, J. Miggelbrink, „Risk as a Technology of Power", S. 125 (Übersetzung JM).

haltensweisen, Objekte, vorangehende wie vor allem auch zukünftige, erwartete Ereignisse gesehen, eingeordnet und bewertet und welche Formen des Umgangs mit diesen Menschen, Ideen, Vorstellungen, Verhaltensweisen, Objekten für notwendig, sinnvoll, angemessen, unausweichlich, wünschenswert und legitim erachtet werden.

Im US-amerikanischen Kontext ist diese Versicherheitlichung der Grenze, die zugleich neuen biometrischen wie auch konventionellen Techniken einen lukrativen Markt eröffnete, in den letzten Dekaden primär im Kontext des *wars on terror* angesiedelt worden.[12] Im europäischen Kontext stand seit dem Ende des Kalten Krieges über längere Zeit die organisierte Kriminalität im Zentrum legitimatorischer Bemühungen, die dann um Strategien der Terrorabwehr erweitert wurden; vor allem wurde „Migration" zunehmend als Sicherheitsproblem definiert und entsprechend bestimmten Regulierungspraktiken unterworfen.[13]

Wissen wird dabei zu einer strategischen Ressource wie auch zum limitierenden Faktor: Jede mutmaßlich durch eine eingereiste Person ausgeübte Straftat wirft fast schon reflexartig die Frage auf, ob „man das nicht vorher hätte wissen können/ob nicht irgendeine Stelle schon Kenntnis hatte von der potenziellen Gefahr/ob diese Tat durch mehr/besseres/früheres Wissen nicht hätte vermieden werden können". Nicht zufällig präsentiert die europäische Grenzschutzagentur FRONTEX sich zunehmend als eine Instanz, die Wissen über das Geschehen an allen Außengrenzen akkumuliert, systematische Analysen vornimmt und über eine stetige Ausweitung dieses Wissens das Geschehen an den Außengrenzen der EU erfolgreich kontrollieren (administrieren) kann. Neben der Strukturierung durch Wissensakkumulation ist das Dispositiv der Versicherheitlichung v. a. durch den Einsatz von Technik(en) gekennzeichnet. Dazu gehören derzeit in erster Linie biometrische Verfahren, Körperscreening und Röntgentechniken, die von Amoore[14] als „Mittel des Regierens" verstanden werden. Diese dienen zwei Zwecken: Zum einen werden sie mit der Erwartung aufgeladen, Identitätsabgleiche mit einer höheren Sicherheit des Aufdeckens von Betrugsfällen leisten zu können als herkömmliche Verfahren. Zweitens sollen sie Abfertigungsvorgänge beschleunigen, indem Kontrollprozesse beschleunigt und personelle Kapazitäten

---

12 L. Amoore, „Biometric Borders: Governing Mobilities in the War on Terror", *Political Geography* 25 (2006), S. 336–351.
13 J. Huysmans, „The European Union and the Securitization of Migration", *Journal of Common Market Studies* 38 (2000) 5, S. 751–777.
14 L. Amoore, „Biometric borders", S. 337.

freigesetzt werden, die zur Identifikation und Bewertung sog. *high-risk travelers* benötigt würden.[15]

Kontrolle, Überwachung und Prävention an und durch Staatsgrenzen sind dabei weniger als isolierte Ereignisse zu verstehen, vielmehr sind die jeweiligen Maßnahmen Teil von Strategien der Versicherheitlichung ganzer Handlungsfelder. So ist das EU-System der Kontrolle des Handels mit Nahrungs- und Futtermitteln kein System, das sich ausschließlich auf das Geschehen an Grenzen bezieht, vielmehr werden in das *Rapid Alert System for Food and Feed* (RASFF) Daten aus unterschiedlichen Quellen eingespeist, wobei die sog. *border rejection notifications* 2016 ca. 40 Prozent aller Hinweise auf verunreinigte Lebens- und Futtermittel ausmachten.[16] Mit anderen Worten: Das den grenzbezogenen Überwachungs-, Kontroll- und Präventionspraktiken zuzurechnende Geschehen ist keineswegs eindeutig von einem nicht-grenzspezifischen Überwachungs-, Kontroll- und Präventionsgeschehen zu trennen.

Die Logik der Versicherheitlichung ist durch eine Dualität gekennzeichnet: Einerseits basiert sie auf der Identifikation und Benennung von konkreten Bedrohungen, andererseits weist ihre dispositive Logik immer in die Zukunft. Sie verspricht die Antizipation zukünftiger Gefährdungen. Es geht damit weniger um den einzelnen Akt der Kontrolle, sondern vielmehr um die Herstellung eines bestimmten Zustands des Vorbereitet-Seins (*preparedness*). *Preparedness* bedeutet nicht, dass bestimmte Gefährdungen konkret absehbar sind, sondern vielmehr, dass mögliche Bedrohungen in Szenarien durchgespielt, Reaktionsweisen entworfen und ggf. für diese wiederum Mittel des Eingreifens geschaffen werden. Dazu gehören beispielsweise das Recht sowie die entsprechenden Techniken und Routinen Flughäfen vorübergehend zu schließen, um pandemische Ereignisse zu verhindern oder zu unterbrechen.[17] Die politische, administrative und organisatorische Herausforderung besteht im Hinblick auf die Herstellung eines Zustands des Vorbereitet-Seins darin, dass die Genese und Ausbreitungswege von bestimmten, zur Bedrohung werdenden Ereignissen unter Bedingungen der Globalisierung unbekannt und nicht ausreichend verstanden sind oder zwar ver-

---

[15] Australien ist einer der Vorreiter im Einsatz sog. SmartGate-Technik, bei der u. a. Gesichtserkennungsprogramme für ePassport-Inhaber*innen in einem *self-check*-Verfahren eingesetzt werden, siehe D. Wilson, L. Weber, „Surveillance, Risk and Preemption on the Australian Border".
[16] European Commission – Directorate-General for Health and Food Safety, *RASFF – Preliminary Annual Report 2016*. Luxembourg: Publications Office of the European Union, 2017. https://ec.europa.eu/food/sites/food/files/safety/docs/rasff_annual_report_2016.pdf (abgerufen am 24. März 2017), S. 5 f.
[17] I. Dzudzek, J. Everts, H. Füller, J. Miggelbrink, „Geographien der Gesundheit", in: H. Gebhardt u. a. (Hrsg.), *Die Geographie*, Berlin: Springer, 2019, im Druck.

standen werden, sich aber als nicht kontrollierbar erweisen können.[18] Die Ubiquität eines potenziell bedrohlichen Ereignissen sowie sein globales Ausbreitungspotenzial sind dementsprechend nicht nur Anlass für Handeln, sondern zugleich wirkmächtige Imaginationen der Begründung einer versicherheitlichenden Logik der Kontrolle: Die Ausbreitung antimikrobieller Resistenzen beispielsweise – eine der aktuell intensiv diskutierten globalen Bedrohungen – werden mit dem globalen Tourismus und dem Transfer von Patient*innen zwischen verschiedenen Ländern und medizinischen Einrichtungen, aber auch mit globalem Lebensmittelhandel in Verbindung gebracht.[19]

---

18 Das zunehmende Auftreten von Antibiotika-Resistenzen (*anti-microbial resistance*, AMR) ist ein Bespiel für die Komplexität eines solchen Mobilitätsgeschehens: Resistenzen verbreiten sich auf zahlreichen und unterschiedlichen Wegen, sie überschreiten Grenzen, ohne dass es (bislang) ausreichend Möglichkeiten gäbe, die Mobilität der Bakterien rechtzeitig zu erkennen, zu isolieren und ihre Verbreitung einzudämmen.
19 M. E. Wilson, „Travel and the Emergence of Infectious Diseases", *Emerging Infectious Deseases* 1/2 (1995), S. 39–46; J. Vila, „Multidrug-Resistant Bacteria without Borders: Role of International Trips in the Spread of Multidrug-Resistant Bacteria", *Journal of Travel Medicine* 22 (2015) 5, S. 289–291; K. Zurfluh u. a., „Extended-Spectrum-β-Lactamase-Producing Enterobacteriaceae Isolated from Vegetables Imported from the Dominican Republic, India, Thailand, and Vietnam", *Applied and Environmental Microbiology* 81 (2015) 9, S. 3115–3120.

7 „Smart Borders": Ausdifferenzierung von Grenzfunktionen

Zwischen einer Logik der Versicherheitlichung auf der einen Seite und Erwartungen an effiziente Verkehrsströme auf der anderen entsteht notwendigerweise ein Widerspruch; ein Widerspruch zwischen den Anforderungen einer globalisierten Risikogesellschaft und den Interessen an der Aufrechterhaltung globalisierter Ströme. Dessen Lösung wird als Aufgabe an die Politik, v. a. aber an administrative Instanzen adressiert, die Verfahren einer effizienten Differenzierung von privilegierten und zu verhindernden Bewegungen zu schaffen haben. Ein solcher administrativ-politischer Versuch der Lösung des Widerspruchs ist die *smart borders*-Politik der USA – „policies which attempt to screen for terrorist incursions into the United States while maintaining flows of goods and individuals, are seen here as a partial response to the problems prompted and complicated by risk society".[1] Man kann dies als Bemühen verstehen, *debordering* und *rebordering* gleichzeitig an derselben Grenze zu betreiben, was Côté-Boucher[2] als einen Prozess beschreibt, der die Grenze transformiert „in eine Vielzahl von Schauplätzen der Überwachung von Bewegungen" und sie so „diffus" werden lässt. Eine *Smart Border Strategy* wurde in den USA erstmals 2002 vom Office of Homeland Security als integraler Bestandteil des *war on terror* sowie der nach „9/11"[3] entstehenden *emergency preparedness*-Politiken verkündet.[4] Die Verstreutheit der Grenze ist mithin weniger ein nicht intendierter Effekt als vielmehr ein konstitutives Prinzip von *smart border*-Politiken:

> In fact, the apparatus of the smart border rearranges the border by extending it beyond North America for the containment of a series of movements it designates as threatening (e. g. refugees, undocumented migrants) while facilitating other types of mobilities (e. g. business travelers). Yet, going beyond the government of movement, the smart border is also extended inside its geopolitical location for the surveillance of citizens and noncitizens intelligence agencies consider to be potential 'terrorists'. It is these extensions that I designate as a 'diffuse border', that is a nebulous entity for the monitoring of mobilities, as well as the

---

1 Ackleson, „Border Security in a Risk Society", S. 2.
2 Côté-Boucher, „The Diffuse Border", S. 143f. (Übersetzung JM).
3 Gilbert weist allerdings darauf hin, dass die Smart Border Declaration nur deswegen so rasch nach 9/11 verabschiedet werden konnte, weil sie schon seit dem Jahr 2000 in Verhandlung war; insofern kann man sie nicht allein als durch die Attacken am 11. September 2001 bedingt betrachten; siehe E. Gilbert, „Leaky Borders and Solid Citizens: Governing Security, Prosperity and Quality of Life in a North American Partnership", *Antipode* (2007), S. 77–98, hier S. 95f.
4 Salter, „Passports, Mobility, and Security", S. 76; Côté-Boucher, „The Diffuse Border", S. 143.

management of perceived threat, outside, inside and on the geopolitical border shared by Canada and the United States.[5]

Neben den o.g. Techniken der Biometrisierung, des Körperscreenings und des Röntgens spielen insbesondere die – bislang vielfach faktisch nicht gegebene – Vernetzung von Behörden und die Implementierung nationaler Entry-Exit-Systeme[6] eine Rolle.

Darüber hinaus wird auch mit sog. *joined facilities* und *integrated border enforcement teams*[7] gearbeitet, die wiederum in der oben dargestellten Weise zu einer veränderten Ausübung von Souveränität, beitragen sowie mit Zertifizierungssystemen („prescreened and pre-qualified") für Unternehmen, die dadurch als *low-risk operators* eingestuft werden, wodurch sich wiederum die Wartezeit an der Grenze verkürzt.[8] Die jüngsten Entwicklungen in den USA gehen dahin, dass Unternehmen im sog. *Reimbursable Service Program* zusätzliche Kontrollleistungen der *Customs and Border Control* einkaufen können, damit beispielsweise zu bestimmten Tageszeiten oder an bestimmten Tagen im Jahr zusätzliche Abfertigungslinien betrieben werden, so dass eine schnellere Abfertigung der Waren möglich ist.[9]

Das Diffus-Werden von Grenzen ist nicht nur der Differenzierung von Grenzregimes im Interesse der Herstellung einer *smart border* geschuldet, sondern v. a. der wachsenden Zahl der staatlichen und vor allem der nicht-staatlichen Akteur*innen, die in diesen Prozess involviert sind und – nicht zuletzt – auch daran verdienen: An erster Stelle sind Privatunternehmen zu nennen, die Sicherheitstechnologien sowohl für staatliche Grenzschutzakteur*innen wie auch für den privaten Gebrauch entwickeln und anbieten. Messen und Konferenzen bilden die Schnittstelle, an denen Überwachungs-, Kontroll- und Sicherungstechniken für

---

5 Ebd., S. 144.
6 Deren simpelste Variante ist das Abstempeln von Reisedokumenten mit Angabe des Datums und des Orts des Grenzübertritts.
7 Siehe Salter, „Passports, Mobility, and Security". Sowohl der behördenübergreifende Datenaustausch wie auch die (scheinbar simple) Registrierung von Entry-Exit-Daten sind auch im Schengen-Raum keine selbstverständlichen Routinen – teils weil die rechtlichen Voraussetzungen dafür fehlen, teils weil es keine Austauschprotokolle für Datenbanken gibt oder diese nur eingeschränkt einsetzbar sind. Gemeinsame Polizeidienststellen sind an Binnengrenzen der Europäischen Union schon seit Längerem tätig.
8 Eingeführt an der Bridge of the Americas in El Paso im September 2003; Wartezeiten um 3 h verkürzt; siehe auch Ackleson, „Border Security in a Risk Society", S. 8.
9 https://www.cbS.gov/border-security/ports-entry/resource-opt-strategy/public-private-partnerships/reimbursable-services-program (abgerufen am 24. März 2019).

diesen rasch wachsenden Markt angeboten werden.[10] Zur Privatisierung von Grenzsicherung gehören letztlich auch von privaten Unternehmen betriebene Auffangeinrichtungen und Gefängnisse, die – jenseits ihrer konkreten Ausrichtung – immer auch Einnahmequellen darstellen.

Smart borders transformieren die Grenzfunktion nicht nur weiter in Richtung eines Anspruchs an die administrativen und technischen Beherrschung diverser Formen von Mobilität, sie lösen zudem die Funktion der Grenze von der markierten Gestalt der Grenze weiter ab und kreieren einen diffusen Raum der Kontrolle.[11]

---

[10] http://www.bordersecurityexpo.com/border-security-expo-2018-conference (abgerufen am 24. März 2019).
[11] Côté-Boucher, „The Diffuse Border", S. 159.

8 Der Ort der Grenze: Verortung und Entortung von Kontroll- und Überwachungspraktiken

Entgegen der kartographisch vielfach produzierten und reproduzierten linearen Gestalt von Grenzen, die eine konkrete Lokalisierung visualisiert, betont die wissenschaftliche Literatur den zunehmend entorteten bzw. vielfach verorteten Charakter von Grenze.[1] Das hängt weniger damit zusammen, dass Grenzverläufe selbst zwischen territorial vermeintlich klar definierten Staaten uneindeutig und umstritten sein können,[2] sondern vielmehr mit der Aufspaltung von Kontroll- und Überwachungsmaßnahmen in eine Vielzahl einzelner Prozeduren und Routinen, die dem eigentlichen Akt der Grenzüberquerung sowohl vor- wie auch nachgelagert sein können. Prozeduren im Vorfeld umfassen u. a. Visabeantragungen, persönliche Interviews in Konsulaten, Datenbankabfragen, Vermögensnachweise, Prozeduren im Hinterland wie z. B. verdachtsunabhängige Kontrollen. All das kann zunächst durchaus als Zeichen der Enträumlichung von Grenzen gelesen werden. Diese Enträumlichung geht jedoch mit neuen Verortungen von Kontroll- und Überwachungspraktiken einher, die jetzt allerdings räumlich fragmentiert

---

1 Laube, *Wohin mit der Grenze?*; W. Walters, „Border/Control", *European Journal of Social Theory* 9 (2006) 2, S. 187–203.

2 Auch zwischen Mitgliedsstaaten der Europäischen Union gibt es strittige Grenzfragen, beispielsweise zwischen den Niederlanden und Deutschland im Gebiet des Emsästuars. Im Alltag hat sich in diesem Fall – u. a. beim Bau des Rijksweg 7 inkl. der Raststätte Bunderneuland – ein pragmatischer Umgang durchgesetzt. Potenziell konfliktträchtig sind ungeklärte Grenzverläufe v. a. dann, wenn in dem strittigen Gebiet Rohstoffe vermutet werden oder bereits nachgewiesen wurden, wie z. B. im Gebiet der ungeklärten Seegrenze zwischen Bulgarien und Rumänien im Schwarzen Meer. Auch die 1892 im Ligurischen Meer zwischen Sardinien und Korsika festgelegte und vor wenigen Jahren neu verhandelte Seegrenze zwischen Italien und Frankreich ist aktuell (2018) wieder umstritten, weil dort ertragreiche Fanggebiete für die Roten Riesengarnelen liegen (https://www.esteri.it/mae/en/sala_stampa/archivionotizie/comunicati/nota-della-farnesina-sulla-delimitazione.html [abgerufen am 3. April 2018]). Lange Zeit umstritten war auch die Schlangeninsel im Schwarzen Meer und die damit verbundene Aufteilung des schwarzmeerischen Kontinentalsockels zwischen Rumänien und der Ukraine; dieser Fall wurde 2009 durch einen Schiedsspruch des Internationalen Gerichtshofs beigelegt. Einen ähnlichen Fall gibt es im Nordatlantik: Der mit einem Durchmesser von 30 Metern eher kleine, sturmumtoste Felsen Rockall ist für sich genommen nicht sonderlich attraktiv, wohl aber die Fischereirechte sowie die Rechte zur Ausbeutung der Erdölvorkommen innerhalb der 200-Seemeilen-Zone um die Insel, weshalb sich Island, Irland, Großbritannien sowie – stellvertretend für die Färöer-Inseln – Dänemark seit Jahren um die einsam aufragende Felsnadel am Rande des europäischen Kontinentalsockels streiten. (Da Großbritannien mittlerweile allerdings anerkannt hat, dass Rockall nicht bewohnbar ist, spielt die Frage der Fischereirechte aktuell keine Rolle mehr.).

sind. Diese Verschiebungen und Neuverräumlichungen sind sowohl Folge wie auch Mittel des Einfügens grenzsichernder Praktiken in umfassende und oftmals ihrer konkreten Zielsetzung enthobenen Prozesse der Versicherheitlichung.[3]

Die „räumliche Flexibilisierung der Grenze"[4] mindert jedoch die Bedeutung der Grenzlinie keineswegs, vielmehr bleibt diese in zweifacher Hinsicht zentral. Eine Dezentralisierung von Kontroll- und Überwachungstechniken, ein räumliches Aufspannen der Grenzfunktionen bis hin zu ihrer wahrgenommenen Ubiquität, und auch ein Überlagern von Souveränitäten bedeuten nicht, dass die Linearität der Grenze bedeutungslos wird.

Zum einen ändert ihr Überqueren fundamental den Status desjenigen, der sie überschritten (oder überwunden) hat: Von der Staatsbürger*in zur Besucher*in, zum/zur Fremden, zum/zur Migrant*in, zur Saisonarbeiter*in, zum/zur Geflüchteten, zum/zur Illegalen, zu einer *anderen* Position, die wesentlich vom geopolitischen Verhältnis zwischen Herkunfts- und Zielstaat abhängt. Die territoriale Logik des Raumformats Nationalstaat, zu dem der Körper ins Verhältnis gesetzt wird, sieht zunächst einmal keine andere Möglichkeit als die des Innen/Außen – dieser oder eben jener Staat – vor. Praktisch mag das aber durchaus anders aussehen; da gibt Niemandsländer, neutrale Zonen, Zonen unklarer und ungeklärter Grenzverläufe oder auch Orte, deren Kontrolle aufwändig oder technisch schwierig ist, so dass zunächst die Anwesenheit von Menschen nicht festgestellt wird (z. B. auf See, in Wüstengebieten). Die Bewegung von Körpern im Verhältnis zum (definierten, gesicherten, eindeutig zugeordneten) Territorium ist keineswegs trivial. Dies schlägt sich nicht zuletzt in permanenten Bemühungen nieder, die technischen Möglichkeiten des Entdeckens der Körper illegalisierter Menschen auszudehnen, sowie in der Bereitschaft, in Sicherheitstechnologien zu investieren[5]. Rechtsbegriffe wie die „Fiktion der Nichteinreise"[6] – ein in Asylverfahren an Flughäfen regelmäßig verwendeter Begriff – spiegeln dieses Spannungsverhältnis wider: Auch wenn der Körper die Grenze zum Territorium bereits überquert hat, gilt er als außerhalb befindlich solange die zuständigen Grenzschutz- und Zollkontrollen nicht passiert wurden. Diese Aufspaltung ermöglicht dann wiederum neue räumliche Konstruktionen, wie die der Transitzonen, die

---

[3] Belina, Miggelbrink, „Am Ostrand des „wettbewerbsfähigsten Wirtschaftsraums der Welt".
[4] Laube, *Wohin mit der Grenze?*.
[5] B. C. Newell, R. Gomez und V. Guajardo, „Sensors, Cameras, and the New 'Normal' in Clandestine Migration. How Undocumented Migrants Experience Surveillance at the US-Mexico Border", *Surveillance & Society* 15 (1), 2017, S. S. 21–41.
[6] B. Nieswand, „Die Transitzone und die Fiktion der Nichteinreise. Das Flughafenasylverfahren im Zwielicht von Normalität und Ausnahme", in: J. Oltmer (Hg.), *Migrationsregime vor Ort und lokales Aushandeln von Migration*, Wiesbaden: Springer-Fachmedien, 2018, S. 345–376.

gewissermaßen zwischen einen migrierenden Menschen und den Staat geschoben werden.

Zum anderen macht die Markierung der Grenze die Macht des Staates sichtbar und symbolisiert sie. Das geschieht mancherorts durch simple Grenzpfosten und Warnschilder, an anderen Orten dagegen durch massive, in Stahl, Beton und Stacheldraht gefasste Barrieren. In beiden Fällen markiert das grenzbezogene Zeichen das Ende der legalen Bewegung und zugleich die Macht des Staates, der diese Bewegung kontrolliert und überwacht. Die Grenzlinie ist der Ort, an dem das Grenzregime materiell *und* symbolisch kulminiert und daher der Ort, an dem der Staat seine Fähigkeit zur Kontrolle der Bewegung demonstriert; sie ist der Ort, an dem der Staat seine Souveränität inszeniert.[7]

Im Kontext der Migrations- und Flüchtlingspolitik der EU versteht De Genova[8] die US-amerikanisch-mexikanische Grenze als Bühne, auf der die Inszenierung des „illegalen Fremden" aufgeführt werde und spricht vom *border spectacle*. Die relative Unsichtbarkeit des Gesetzes bedürfe Strategien des Sichtbarmachens seiner Vollstreckung; diese Strategien manifestierten sich in Mauern und Zäunen, die nicht nur physische Barrieren darstellen, die kaum zu überwinden seien, sondern stellten zugleich Symbole für die Fähigkeit und den Willen des Staates dar, sein souveränes Recht zur Kontrolle seiner territorialen Grenze durchzusetzen. Anders ausgedrückt: Die Staatsgrenze als lineares Gebilde wird durch Prozesse, Organisationen und Infrastrukturen stabilisiert, von denen viele „überall" lokalisiert sein können. Weder Server noch Konsulate müssen „an der Grenze" lokalisiert sein; sog. Hinterlandkontrollen sind in vielen europäischen Ländern auf dem gesamten Territorium möglich und damit keineswegs an die Grenze gebunden. Der räumlichen Dispersion der Ausübung von Kontrolle und Überwachung muss dann aber auf der symbolischen Ebene die Inszenierung von Grenze als konkretem Ort des Vollzugs staatlicher Gewalt entgegenwirken.

Die symbolische Funktion der Grenze als Ort der Inszenierung der Vollstreckung staatlicher Souveränität wird auf ganz unterschiedliche Weise genutzt: Sie zeigt sich beispielsweise in den technik-dominierten, infografischen Spielzeug-

---

[7] Im Streit um die europäische Flüchtlingspolitik wurde die Demonstration der Möglichkeit territorialer Abschottung ein in symbolischer Hinsicht wichtiger Akt der Wahrung und/oder Rückgewinnung vermeintlicher und tatsächlicher Souveränitätsverluste. An der Beurteilung der Fähigkeit, die territorialen Grenzen zu kontrollieren, wird mithin die „Stärke" eines Staates ebenso wie sein „Versagen" (bzw. ein Versagen „der Politik") gemessen.
[8] N. S. De Genova, „Migrant ‚Illegality' and Deportability in Everyday Life", *Annual Review of Anthropology* 31 (2002), S. 419–447, hier S. 436.

landschaften der Europäischen Kommission. In deren Broschüren[9] werden grenzrelevante Infrastrukturen grafisch verortet, wodurch Grenzsicherung als eine vornehmlich entlang einer linearen Infrastruktur aufgeführte Kontroll- und Überwachungspraxis festgeschrieben wird. Sie zeigt sich ferner in Fernsehserien: Den Abstand zwischen der demonstrativen Inszenierung der Durchsetzung eines Grenzregimes und der relativen Ferne des Alltagslebens der meisten Staatsbürger*innen von diesem Geschehen überbrücken seit einigen Jahren nicht mehr nur Berichterstattungen in den Nachrichten und populär-literarische Darstellungen wie beispielsweise *Tortilla Curtain* von T C Boyle, sondern auch dokumentarisch angelegte Serien (*factual television programs*), die im Stil einer Telenovela episodenhaft den Alltag an Grenzen erzählen.[10] Die vermeintlich dokumentarische Perspektive ist, wie Reece Jones[11] in seiner Analyse der vom National Geographic Channel produzierten Serie *Border Wars* herausarbeitet, nahezu ausschließlich eine Perspektive der Grenzschützer*innen und fokussiert deren Einsätze anhand möglichst spektakulärer Vorfälle. Die *Border Wars* fügen sich demnach nahtlos in das Dispositiv der Versicherheitlichung ein, indem sie „Grenze" als einen endlosen, von Grenzschützer*innen im Dienste der Nation tagtäglich geführten Kampf gegen Bedrohungen inszenieren.

Die symbolische Funktion der materialisierten Grenze wird auch auf kritische Weise in zahlreichen künstlerischen Interventionen genutzt, die sich den Ort der Entfaltung staatlicher Kontroll- und Überwachungspraktiken als den Ort inszenieren, an dem sich dessen Widersprüche, Ausschlüsse und Ungerechtigkeiten herausfordern und anklagen lassen. Beispiele dafür sind die Projekte *Borrando la Frontera* von Ana Teresa Fernández[12] und JRs *Gigantic Picnic at the US-Mexico*

---

9 European Commission, *A Common Information Sharing Environment for the European maritime domain. How data-sharing can increase knowledge, detct illegal activities and save costs.* o.O., 2012; https://ec.europa.eu/maritimeaffairs/maritimeday/sites/mare-emd/files/20120521_15_programme_en.pdf, (accessed 24 September 2017).
10 Unter anderem *Border Security: Australia's Front Line* (Australien, Seven Network, erste Staffel 2004, neue Staffel für 2018 angekündigt), *Border Wars* (USA, National Geographic Channel, 2010–2013), *Nothing to Declare UK* (Vereinigtes Königreich, 2011), *Border Security: Canada's Front Line* (Kanada, Force Four Entertainment, National Geographic Channel, 2012). In *Alerta Areopuerto* inszeniert National Geographic Channel zudem Kontroll- und Überwachungspraxen an Flughäfen u. a. in Kolumbien und Peru.
11 R. Jones, „Border Wars: Narratives and Images of the US-Mexico Border on TV" in: R. Jones, C. Johnson (Hrsg.), *Placing the Border in Everyday Life*. Farnham: Ashgate, 2014, S. 185–204.
12 http://anateresafernandez.com/borrando-la-barda-tijuana-mexico/ (abgerufen am 12. März 2019); Ana Teresa Fernández wird gelegentlich als *border artist* bezeichnet: https://www.azcentral.com/story/entertainment/arts/2015/10/07/asu-public-art-mexican-border/73539840/, (abgerufen am 28. Februar 2019).

Border Fence.[13] Im europäischen Kontext hat das *Paneuropäische Picknick* am 19. August 1989 in Sopron, organisiert vom oppositionellen ungarischen Demokratischen Forum und der Paneuropa-Union, einige Aufmerksamkeit erregt und wurde dadurch selbst zu einem performativen Akt der Überwindung von Grenzen. Es ist nicht ganz ohne Ironie, dass am 3. September 2015 im Budapester Keleti-Bahnhof eine Lok stand, deren Aufschrift an den 25. Jahrestag dieses Frühstücks erinnerte, während gleichzeitig Hunderte geflüchtete und in Budapest gestrandete Menschen in den Bahnhof rannten, um nach Tagen des Wartens auf dem Bahnhofsvorplatz einen Zug zur Ausreise aus Ungarn zu erreichen. Der Gegensatz von medialer Inszenierung von Grenzlinie und Grenzinfrastruktur auf der einen Seite und der Tendenz, Grenzfunktionen immer weiter zu verstreuen, auszudifferenzieren und an unterschiedlichsten Stellen anzusiedeln auf der anderen, ist also nur ein scheinbarer. Die mediale Inszenierung ist ein zur Entwicklung des Grenzregimes komplementärer Akt, der dessen Fragmentierung auf symbolischer Ebene mindestens partiell wieder zurückzugewinnen versucht.

Ein im Hinblick auf seine sozialweltliche Ordnungsfunktion verallgemeinerter Grenzbegriff wie im vorangehenden Kapitel erläutert, ermöglicht nun einen neuen Blick auf die physische Materialität von Grenzen: Wenn die Bedeutung der physischen Materialität als sozial relevante Form der Durchsetzung und Aufrechterhaltung einer bestimmten Form gesellschaftlicher Ordnung anerkannt wird, kann diese wiederum zum Ausgangspunkt künstlerisch-politischer Interventionen genutzt werden,[14] die die Kontingenz von Grenzziehungen sichtbar machen. Die wenigen Beispiele zeigen, dass die physische Lokalisierung und Gestalt(ung) der Grenze die durchgesetzte gesellschaftliche Funktion der Grenze garantiert *und* symbolisiert, weswegen der Grenzraum gleichermaßen der Ort der Manifestation wie auch des (künstlerischen) Infragestellens eines Grenzregimes ist.

---

13 Fotograf JR (Juste Ridicule) http://www.jr-art.net/ (abgerufen am 28. Februar 2018). Siehe auch die Installation eines riesenhaft vergrößerten Fotos eines Dreamer-Kindes an derselben Grenze: https://www.nytimes.com/2017/09/07/arts/design/jr-artist-mexico-border-wall.html (abgerufen am 28. Februar 2019). Mittlerweile werden Protest Art-Beiträge zur US-amerikanisch-mexikanischen Grenze aus verschiedenen Webseiten gesammelt, z. B. https://www.voiceofsandiego.org/topics/arts/the-most-memorable-acts-of-protest-art-at-the-border/ (abgerufen am 28. Februar 2019).
14 Auch die *antiAtlas*-Projekte, die sich zwischen Wissenschaft, politischer Intervention und Kunst bewegen und sich bewusst klarer Zuordnungen entziehen, können hierzu gerechnet werden; vgl. z. B. https://www.antiatlas-journal.net/anti-atlas-01-border-art-and-the-borders-of-art/ (abgerufen am 24. März 2019).

9 Grenzland: Grenze und (lokale) Alltagspraktiken

Grenzen sind primär ein räumliches Mittel der Markierung und Abgrenzung politischer, sozialer und ökonomischer Verdichtungen, die die territoriale Form des (modernen) Staats definieren und sichern,[1] und damit ein wichtiges Element für die Durchsetzung des nationalstaatlichen Raumformats. Dadurch entsteht allerdings immer auch ein neuer Raum: das „Grenzland", und zwar auf beiden Seiten der Grenze. Seine Bedeutung ist wesentlich. durch die Präsenz der Grenze bestimmt. Diese sei im Grenzland – wie Henk van Houtum, Martine van Kampen und Mark Eker in der Einleitung zu ihrem niederländisch-englischen Atlas- und Essayband „Grensland" feststellen – zugleich berührbar („tastbaar" bzw. „tangible"), wie abstrakt.[2] Das Grenzland ist also stets (auch) ein Spiegel der Grenzregimes, die es konstituieren.

Grenzregimes werden zumeist begründet mit gesamtstaatlichen („nationalen") Interessen und Notwendigkeiten oder lassen sich damit in Verbindung bringen: Sie dienen der Kontrolle des Zutritts, der Unterscheidung von legaler und illegaler Migration, dem Schutz des eigenen Finanz-, Waren- und Dienstleistungsmarktes, sollen aber auch z. B. unerwünschte Ausreisen verhindern. Sofern die Kontroll- und Überwachungsfunktionen an die lineare, konkrete räumliche Gestalt der Grenze und ihrer Infrastrukturen gebunden sind, ist die Grenze selbst wie auch das grenznahe Gebiet daher häufig eine Zone besonderer militärischer, polizeilicher und anderer, z. B. fiskalischer Aufmerksamkeit. Das Grenzland ist mithin definiert durch die Funktionen, die eine Staatsgrenze im Hinblick auf die Wahrung staatlicher Souveränität hat. Diese (erwartete, behauptete, angestrebte) Funktionalität korrespondiert auf vielfältige Weise mit der baulichen Gestaltung und planerischen Durchdringung der Grenzlandschaft: Da sind zunächst die Infrastrukturanlagen zur Abschottung und Überwachung (Zäune, Mauern, Kameras, Sendemasten usw.) und Grenzabfertigung selbst zu nennen, die nicht nur beträchtliche Flächen einnehmen können, sondern auch eine enorme symbolische Wirkung im Hinblick auf die Inszenierung des staatlichen Gewaltmonopols

---

[1] J. Painter, „Rethinking Territory", *Antipode* 42 (2010) 5, S. 1090–1118.
[2] H. Van Houtum, M. Van Kampen, M. Eker, „Grensland – Het begin / Borderland – The Beginning" in: M. Eker, H. Van Houtum (Hrsg.), *Grensland. Atlas, essays en ontwerp – geschiedenis en toekomst van het grenslandschaft / Borderland. Atlas, Essays and Design – History and Future of the Border Landscape*, Wageningen: Uitgeverij Blauwdruk, 2013, S. 14–19, hier S. 16 und 17; H. Donnan, T. M. Wilson, „Territoriality, Anthropology, and the Interstitial: Subversion and Support in European Borderlands", *Focaal – European Journal of Anthropology* 41 (2003), S. 9–20.

haben. Dort, wo Staaten buchstäblich an ihre Grenzen geraten, schlägt sich der Nexus von Territorium, Souveränität und Grenze landschaftlich nieder. Dazu gehören auch Verkehrsflächen, die sowohl der effizienten Lenkung von Güter- und Personenströmen wie der schnellen Verlagerung von Grenzschutz, Polizei und Militär dienen, sowie von jeglicher Bebauung und jeglichem Bewuchs freigehaltene Flächen, die klandestine Bewegungen verhindern sollen. Immer wieder haben Fotograf*innen und Journalist*innen die besondere Atmosphäre von Grenzlandschaften einzufangen versucht – nicht zuletzt, weil die in ihnen manifestierte militärisch-polizeiliche Präsenz häufig mit sozialer und ökonomischer Peripherisierung, wenn nicht sogar Devastierung einhergeht.³ Die Grenzlandschaft, die wesentlich durch die Sicherung der territorialen Gestalt des Staates geprägt wird, der andere Formen der Nutzung und Gestaltung nach- und untergeordnet sind, produziert daher stets Widersprüche und Kuriosa: Straßen, die im Nichts enden, weil die Verbindung ins Nachbarland fehlt; dysfunktionale Strukturen in der Wasserver- und -entsorgung; unterschiedliche Bestimmungen im Natur- und Landschaftsschutz usw.⁴

Die baulich-planerische Gestaltung des Grenzlandes kann wiederum mit scharfen territorialen Formierungen einhergehen, d. h. das spezifische Interesse des Staates an der Grenze kann sich in rechtlich definierten Abgrenzungen niederschlagen, die mit besonderen Beschränkungen, aber auch Vorrechten verbunden sein können: Dazu gehört die Festlegung von Zonen, die ohne besondere Erlaubnis nicht betreten werden dürfen; die Festlegung von Zollgrenzbezirken, deren Bewohner*innen nur begrenzt Waren aus dem Nachbarland einführen dürfen, oder durch die Festlegung einer Zone, deren Bewohner*innen bestimmte Vorzüge im Hinblick auf den grenzüberschreitenden Personenverkehr genießen,

---

3 Zum Beispiel zum Niemandsland zwischen Bulgarien und der Türkei: V. Nikolaeva, *Simply a Line. No Man's Land Between Bulgaria and Turkey,* Rotterdam: NAi Uitgevers, 2009; zur 2004 neuen östlichen Grenze der Europäischen Union: I. Van der Linde, N. Segers, *Het einde van Europa. Ontmoetingen langs de nieuwe oostgrens,* Rotterdam: Lemniscaat, 2004. Eine Form der Devastierung war auch die physische Abschottung von Orten in der DDR, die in unmittelbarer Nähe der Grenze zur Bundesrepublik lagen.
4 Letzteres hat möglicherweise zunächst Auswirkungen auf das Verhalten von Tieren und nachfolgend dann wirtschaftliche Effekte: Gänse lernen schnell zwischen Vergrämungs- und Ruhegebieten zu unterscheiden und werden auf der Seite der Grenze, auf der die rechtlichen Bestimmungen eine Verfolgung verbieten, ggf. zu einer Belastung für die Landwirtschaft (https://www.nabu-naturschutzstation.de/de/projekte/naturschutz-ueber-grenzen/wandernde-tiere-in-grenzgebieten [abgerufen am 30 September 2018]).

weil sie aufgrund ihres residentiellen Status von Visapflichten befreit werden („kleiner Grenzverkehr").[5]

Im letzten Punkt deutet sich bereits an, dass Grenzländer mehr sind als Räume der Erfüllung staatlicher Sicherungsfunktionen. Sie sind vielmehr Bezugsräume alltäglichen Handelns und daher auch in dessen Logiken eingebunden. Daher wäre es verkürzt, das Grenzland allein auf rechtliche, polizeiliche und administrative Dispositionen zu reduzieren. Alltägliche Praktiken der Aneignung von Grenzen ergeben ein weitaus komplexeres Bild. Arbeiten zum alltäglichen Handeln in Grenzregionen haben betont, dass Grenzen nicht allein und auch nicht zwangsläufig primär als restriktive Institutionen wahrgenommen werden, sondern dass ihre Wahrnehmung in Bezug auf Bedürfnisse, Erwartungen, Ziele und Interessen individuell und gruppenbezogen wie auch zeitlich variiert. Auf welche Weise eine Grenze in Alltagspraktiken relevant gemacht wird, ist dementsprechend breit und kann hier nur grob umrissen werden: Unterschiede im Warenangebot und in der –nachfrage sowie in der Preisbildung, die z. B. durch unterschiedliche Mehrwertsteuersätze begründet sein können, können beispielsweise einerseits Geschäftsgrundlage grenzüberschreitend agierender Unternehmen darstellen, andererseits kann das Nachbarland schlicht als Möglichkeit gesehen werden, Konsumgüter preiswerter als im eigenen Land einzukaufen.[6] In den (strategischen) Kalkülen von Unternehmen, wie auch im eher taktischen Umgang von Konsument*innen mit den Möglichkeiten, die aus dem Aufeinandertreffen zweier staatlicher Territorien resultieren, ist die Grenze weniger eine

---

5 A. Yeliseyeu, *Keeping the Door Ajar. Local Border Traffic Regimes on the EU's Eastern Borders*, Helsinki: T. F. I. o. I. A.-U. instituutti, 2014. Die aktuellen Diskussionen um die zukünftige Kontrolle der irisch-nordirischen Grenze zeigt, wie komplex der Widerspruch von Mobilität und Kontrolle ist, wenn es um deren konkrete Gestaltung *vor Ort* geht.
6 Ein kleines, aber sicher nicht ganz untypisches Beispiel ist der Kauf von Feuerwerkskörpern zu Silvester durch Niederländer*innen in Deutschland. Nachdem im Jahr 2000 in der niederländischen Stadt Enschede ein Lager für Feuerwerkskörper explodiert war, wodurch ein ganzes Stadtviertel zerstört wurde, 23 Menschen starben und nahezu 1000 Menschen verletzt wurden, wurden Feuerwerkskörper durch gesetzgeberische Maßnahmen erheblich verteuert und ihr Verkauf limitiert (u. a. durch die Einführung besonderer Verkaufsstellen). Seitdem erhöht sich jährlich zu Silvester der Absatz deutscher Discounter in Grenznähe; für manche Geschäfte sind die Tage, an denen Feuerwerkskörper verkauft werden dürfen, mittlerweile die umsatzstärksten des Jahres, siehe z. B. https://rp-online.de/nrw/staedte/wesel/hollaender-kaufen-in-wesel-billig-boeller_aid-13871093 (abgerufen am 24. März 2019); https://www.noz.de/archiv/vermischtes/artikel/217965/niederlander-kaufen-im-emsland-gunstiger-ein (abgerufen am 24. März 2019); https://www.ndr.de/nachrichten/niedersachsen/osnabrueck_emsland/Ansturm-auf-Boeller-Die-Niederlaender-kommen,silvester880.html (abgerufen am 24. März 2019). Obwohl auch die private Einfuhr von Feuerwerkskörpern verboten ist, wenn diese bestimmte Kennzeichnungspflichten nicht erfüllen, ist diese Art des Imports eine weithin akzeptierte Praxis.

Restriktion, sondern vielmehr eine Ressource, die – je nach Perspektive – Profite oder Einsparungen ermöglicht, den Lebensunterhalt sichert oder die Befriedigung eigener Bedürfnisse ermöglicht. Gleichzeitig wird aber aufgrund dieses Ressourcencharakter ein bestimmtes Verhältnis zum jeweiligen Staat etabliert, das durch den formalen bzw. informellen Charakter der ökonomischen Tätigkeiten gekennzeichnet ist. Die Grenze zwischen regelungskonformen Praktiken und solchen, die diese Regelungen subvertieren, ist nicht immer unscharf.[7]

Alltägliche Aneignungen von Grenzen basieren häufig auf einer Differenz oder einem angenommenen Gefälle z. B. von Angeboten und Preisen oder von Löhnen und Gehältern. Darüber hinaus spielen aber Unterschiede in der Rechtslage eine Rolle – z. B. bezüglich der Möglichkeit, gegen Geld sexuelle Befriedigung zu erfahren. Prostitution im Grenzraum kann aber auch auf anderen Differenzen basieren: auf Machtlosigkeit oder mangelndem Interesse an der Kontrolle, auf Armut und Perspektivlosigkeit, die zur sexuellen Ausbeutung von Frauen und Kindern führen, wie auch darauf, dass Freier Grenzräume oftmals als rechtsfreie Räume betrachten.[8] Mit anderen Worten: Welche Form von grenzüberschreitenden Beziehungen wie bedingt ist und welche an der Grenze manifest werdenden Differenzen jeweils konstitutive Bedeutung haben und welche Folgen dies für wen hat, kann nur im konkreten Fall bestimmt werden.

Die EU bietet zahlreiche Beispiele dafür, dass in den vergangenen Jahrzehnten Verflechtungen von Alltagspraktiken wie auch Koordinationen im administrativen und planerischen Bereich zu einem einflussreichen Narrativ der Gestaltung von Grenzländern geworden sind. Grenzüberschreitende Zusammenarbeit – institutionell gefasst in Euregios/Euroregionen – gilt vielfach als Laboratorium europäischer Integration. Die Implementierung des Schengener Grenzregimes sowie die Übernahme desselben in den *acquis communautaire*, wodurch der „Raum der Freiheit, der Sicherheit und des Rechts" geschaffen wurde, als den sich die EU seit dem Vertrag von Amsterdam (1999) versteht, haben diesen Prozess seit Mitte der 1980er Jahren zwar beschleunigt, seine Anfänge reichen jedoch in die 1950er Jahre zurück. Europäische Grenzländer sind somit auch Teil der Imagination und Utopie[9] eines integrierten (gelegentlich auch als kosmopolitisch ent-

---

7 Vgl. hierzu die Beispiele zu subversiven Praktiken an Grenzen in Bruns, Miggelbrink, *Subverting Borders*.
8 C. Schauer, „Jeder holt sich, was er will. Sexuelle Ausbeutung von Frauen und Kindern in einer tschechischen Grenzregion", *Osteuropa* 56 (2006) 6, S. 235–244.
9 Zu Recht wurde darauf hingewiesen, dass Euroregionen oftmals eher symbolischer Art sind oder weitgehend elitäre Projekte, die nicht unbedingt mit den Alltagspraktiken von Menschen in Grenzregionen korrespondieren (K. Mirwaldt, „Contact, Conflict and Geography: What Factors Shape Cross-border Citizen Relations?", *Political Geography* 29 [2010] 8, S. 434–443; J. M. Trillo-

worfenen) Europas und sie sind zugleich realweltliche Labore, in denen grenzüberschreitende Praktiken entworfen, stabilisiert oder verworfen werden.[10]

Grenzländer sind zudem – und hier schließe ich an die Diskussion um Souveränität in Kapitel 2 an – relevante räumliche Formierungen, wenn es um die Frage geht, ob und wie unter Bedingungen der Globalisierung zunehmend postterritoriale Souveränitätsregime entstehen und dominant werden – also Souveränitätsregime, deren Funktionsweise nicht (mehr) an die Existenz der Raumformats des territorialen Nationalstaats gebunden sind, wie Agnew[11] vermutet. Eine diesbezügliche Arbeitshypothese könnte lauten, dass soziale und ökonomische Verflechtungen, sofern sie sich in institutionalisierten Formen niederschlagen in der Lage sein könnten, hegemoniale Territorialisierungen zu unterlaufen und ggf. zurückzudrängen. Möglicherweise entsteht so eine neue Qualität von Territorialitäten deren Bezug zu souveränen Formen der Machtausübung zunehmend unklar werden und verschwimmen, wie Jureit und Tietze[12] beobachten.

Santamaria, „Cross-Border Regions: The Gap Between the Elite's Projects and People's Awareness. Reflections from the Galicia-North Portugal Euroregion", *Journal of Borderlands Studies* 29 [2014] 2, S. 257–273). Auch das Potenzial, demokratische Teilhabe im europäischen Kontext zu fördern, wird mittlerweile eher skeptisch beurteilt, siehe O. Kramsch, „Navigating the Spaces of Kantian Reason: Notes on Cosmopolitical Governance with the Cross-Border Euregios of the European Union", *Geopolitics* 6 (2001) 2, S. 27–50; Ders., „Along the Borgesian Frontier: Excavating the Neighbourhood of ‚Wider Europe'", *Geopolitics* 16 (2011) 1, S. 193–210.

10 Die Erwartungen gingen durchaus über eine bloße Koordination von Planung und (lokaler) Politik hinaus; Grenzregionen schienen als der Ort, an dem die Idee einer transnationalen Staatsbürgerschaft keine abstrakte Vorstellung, sondern in der Gefühls- und Erfahrungswelt von Menschen verankert ist (vgl. E. Lissandrello, *The Utopia of Cross-border Regions: Territorial Transformation and Cross-border Governance on Espace Mont-Blanc*, Nijmegen, 2006).

11 Agnew, „Sovereignty Regimes".

12 U. Jureit, N. Tietze, *Postsouveräne Territorialität. Die Europäische Union und ihr Raum*, Hamburg: Hamburger Edition – Verlag des Hamburger Instituts für Sozialforschung, 2015.

10 Zusammenfassung

Grenzen haben unter Bedingungen der Globalisierung ihre Bedeutung keineswegs verloren; vielmehr sind sie ein zentraler Ort der Auseinandersetzung zwischen territorial formierter sozialer Organisation und zunehmenden Mobilitäten. Dieser Widerspruch schlägt sich nieder in einer Ausdifferenzierung von Kontroll- und Überwachungspraktiken, mittels derer unerwünschte Mobilität verhindert und erwünschte Mobilität – primär im ökonomischen Interesse – möglichst reibungslos organisiert werden soll. Dies wird – zumindest im Hinblick auf die nordamerikanischen und europäischen Verhältnisse – als ein Prozess interpretiert, der Grenzen „diffuser" werden lässt, weil die mit den Kontroll- und Überwachungsfunktionen verbundenen Institutionen, Infrastrukturen und Akteur*innen nicht notwendigerweise an den Ort der Grenze gebunden sind, sondern Prozeduren im räumlichen, zeitlichen und organisatorischen Vorfeld der Grenze wie auch im jeweiligen Hinterland einschließen. Auch wenn Grenzfunktionen dispers werden, bedeutet das jedoch nicht, dass der Ort der Grenze selbst an Bedeutung verlieren würde – im Gegenteil. Gerade unter Bedingungen einer zumindest empfundenen zunehmenden Unsicherheit und möglichen (neuen) Bedrohungen werden Grenzen zu zentralen Orten der Aufführung von Souveränität und damit zu einem räumlichen Mittel der Imagination im Rahmen versicherheitlichender Politiken, und zwar gerade dann, wenn staatliche Praktiken zunehmend miteinander verschränkt werden.

Insbesondere Ansätze der Grenzregime- und *borderscape*-Forschung versuchen seit Längerem, einerseits die sich wandelnden Funktionen und Bedeutungen von staatlichen Grenzen als Reaktionen auf ökonomische, soziale und politische Transformationen zu fassen. Andererseits betonen sie Praktiken des Aneignens von Grenzen durch Akteure, woraus Perspektiven auf Grenzen abgeleitet werden können, die diese als Verschränkungen von (diskursiv hergestellten) Ordnungen und Imaginationen, Materialitäten und Techniken konzipieren. Grenzen lassen sich so als inkonsistente und widersprüchliche, in diesem Sinne auch immer nur temporär stabile Ergebnisse vielfältiger Regulationen wie auch diese Regulationen subvertierender Praktiken verstehen. Sie sind daher nicht einfach Ausdruck oder Mittel einer eindimensionalen, territorial agierenden Geopolitik, sondern Mittel selektiver Verbindung und Abschottung in diversen politischen Feldern, die immer neue Widersprüche produzieren.

Eine Grenzforschung, die Grenzen als Resultate wie auch als Mittel unterscheidender, begrenzender, trennender, teilender, identifizierender, in- und exkludierender Handlungen und Prozesse und damit als variabel im Hinblick auf die in Praktiken erzeugten und durch sie aufgerufenen sozialen Wirklichkeiten versteht, ist instruktiv für ein Verständnis von Raumformaten und Raumordnungen, wie es der SFB 1199 anstrebt.

Erstens wird deutlich, dass das Raumformat Nationalstaat nicht nur mittels der Etablierung eines Grenzregimes seine hegemoniale Position erlangen konnte, sondern dass letzteres für globalisierende Prozesse zentral wurde, in denen Nationalstaaten zu treibenden Kräften werden konnten. Momente der Re-Definition eines Grenzregimes sind weniger als limitierend in Bezug auf Mobilitäten zu verstehen, sondern vielmehr als Versuche, selektive Steuerungen zu etablieren. Zweitens zeigt sich, dass Grenzregime Aushandlungsergebnisse in dem Sinne sind, dass nicht einfach Staaten die Regeln der Bewegung definieren. Monopolisierungsbestrebungen im Hinblick auf die Kontrolle diverser Bewegungen (Menschen, Güter, anderes) treffen immer auf Praktiken, in denen sie durchgesetzt werden müssen, auf Interessen, die einbezogen werden müssen, sowie auf Subversionen, die diese Bestrebungen unterlaufen. Drittens ist zu berücksichtigen, dass die Praktiken des Aneignens von staatlichen Grenzen nicht zuletzt zusammenhängen, in welchem Verhältnis das Raumformat Nationalstaat zu anderen Raumformaten – etwa suprastaatlichen Regionalisierungen – steht. Konkrete empirische Untersuchungen von Praktiken der Aneignungen von Grenzen sind daher auch geeignet, Auskunft über das Raumformat Nationalstaat und dessen Transformation(en) zu geben.

www.ingramcontent.com/pod-product-compliance
Lightning Source LLC
Chambersburg PA
CBHW021358300426
44114CB00012B/1279